Daor Ceitean [?]

Another s[...] n
and boundless [...]

Please note that the opening poems are
by Sorley McLean [sorry, Maclean] – in
Gaelic, Somhairle MacGill-Eain. [I have
also found the Gaelic spelling MacIllEathian]
Perhaps a relative of yours? He was
born 10/26/11 in Osgaig, on the small
island of Raasay, just east of the isle
of Skye. [Short biography enclosed on
separate sheets.]

Sorley MacLean is a truly acclaimed
poet of the Gaelic-speaking Scotch. There
is a lot of material on the internet
about him. He died at age 85 in 1996.

I like "Dawn" on p. 72, especial-
ly lines 7-10: "the young morning in
your head of hair."...."your face and dear
kindness." Reminds me of you.

I hope you will enjoy this. I know
you will, because you love poetry and,
to paraphrase the verse inscribed on
my Welch coffee cup, you were "born...
[with] music in your blood and poetry
in your soul."

Remarkable about this anthology is
the fact that "These translations have been
made by the poets themselves, thereby max-
imising the retention of the spirit and form
of the originals." [Back cover]. Gaol daonnan
Zane

Nua-bhàrdachd Ghàidhlig

—

Modern Scottish Gaelic Poems

A BILINGUAL ANTHOLOGY

EDITED AND INTRODUCED

BY DONALD MACAULAY

—

Modern Scottish Gaelic Poems

—

BY SORLEY MACLEAN

GEORGE CAMPBELL HAY

DERICK THOMSON

IAIN CRICHTON SMITH AND

DONALD MACAULAY

CANONGATE CLASSICS
55

DUANAIRE DA-THEANGACH

DEASAICHTE LE ROIMH-RADHA

AIG DOMHNALL MACAMHLAIGH

—

Nua-bhàrdachd Ghàidhlig

—

LE SOMHAIRLE MACGILL-EAIN

DEORSA MAC IAIN DEORSA

RUARAIDH MACTHOMAIS

IAIN MAC A' GHOBHAINN AGUS

DOMHNALL MACAMHLAIGH

CANONGATE CLASSICS

55

First published in 1976 by Southside (Publishers) Ltd. First published as a Canongate Classic in 1995 by Canongate books Ltd, 14 High Street, Edinburgh EHI ITE

Copyright © pp 70–115, Sorley MacLean 1976; pp 116–139, George Campbell Hay 1976; pp 140–167, Derick Thomson 1976; pp 168-191, Iain Crichton Smith 1976; pp 19–45, 46–68, 192–213, Donald MacAulay 1976.

The publishers gratefully acknowledge general subsidy from the Scottish Arts Council towards the Canongate Classics series and a specific grant towards the publication of this volume.

Typeset by Hewer Text Composition Services Edinburgh. Printed and Bound in Finland by W.S.O.Y.

Canongate Classics
Series Editor: Roderick Watson
Editorial Board: Dorothy McMillan, J.B. Pick, Cairns Craig

British Library Cataloguing in Publication Data
A catalogue record for this book is available from the British Library.

10 9 8 7 6 5 4 3

ISBN 0 86241 494 6

Air fhoillseachadh an toiseach an 1976 le
Deasthaobh (Foillsichearan) Teò. Air fhoill-
seachadh an toiseach mar Canongate Classic
an 1995 le Canongate Books Teò., 14 An
t-Sràid Ard, Dùn Eideann EHI ITE

Tha deagh aitheantas ga thoirt leis an
fhoillsichear do thabhartas o Chomhairle
nan Ealain an Alba airson sreath nan Canon-
gate Classics san fharsaingeachd agus do
thabhartas sònraichte airson foillseachadh an
leabhair seo.

Air a chlò-sgrìobhadh le Hewer Text
Composition Services an Dùn Eideann. Air
a chlò-bhualadh is air a cheangal an Suòmaidh
le W.S.O.Y.

Canongate Classics
Deasaiche na Sreath: Roderick Watson
Comhairle an Deasachaidh: Dorothy McMillan,
J.B. Pick, Cairns Craig

*Clàr-fhiosrachadh Foillseachaidh Leabharlann
Bhreatainn*
Gheibear fios mu chlàradh an leabhair seo le
iarraidh air Leabharlann Bhreatainn.

ROMHFHACAL

A dh'aindeoin is mar a tha àireamh nan Gaidheal agus iomadh
pàirt de'n cultur air a dhol air ais anns an linn sa, tha blàth air
leth air a thighinn air bàrdachd na Gàidhlig, gu sònraichte anns
an nòs ùr, o chionn dà fhichead bliadhna.

'Se an rud a tha a dhìth air an duanaire dhà-theangach sa
earrainn chomharrail de'n bhàrdachd sin a chur fo chomhair
uiread 's a ghabhas de luchd-leughaidh. Air an aobhar sin tha
eadartheagachadh Beurla, loine air an loìne, air a chur sìos mu
choinneamh gach dàn. 'Se an seòrsa cur sìos *en face* sa, saoilidh
sinn, an cumadh as fheàrr a chur air leabhar dà-theangach. Ni e
farasd an t-eadartheangachadh a choimeas ris a' bhun-théacs.
Bheir e brìgh nan dàn do'n leughadair aig nach eil Gàidhlig, a'
gléidheadh co-dhiù a' chuid as motha de'n càradh aig a' cheart
am. Faodaidh an duine aig a bheil Gàidhlig feum a thoirt as an
eadartheangachadh mar mhìneachadh air a' bhàrdachd, ma
thogras e sin a dhèanamh.

Chaidh an t-eadartheangachadh gu léir a dhèanamh neo a
cheartachadh leis na bàird fhéin. Tha sin ga dhèanamh ùgh-
darrasach mar ath-riochdachadh air brìgh nan dàn. Gun dol as,
thathar a' call anns an tionntadh, ach mar phrionsabal tha
spiorad nan dàn, agus na ghabhas de'n cruth, air an gléidh-
eadh. Mar as dligheach anns an t-suidheachadh, tha inbhe air a
thoirt do'n Ghàidhlig thairis air a' Bheurla air fad an leabhair.

Thagh mise na dàin fhéin, a' cur mo chomhairle ris a' cheithir
bhàrd eile. Tha mi toilichte an cothrom sa a ghabhail air fìr
buidheachas a thoirt dhaibh, bhuam fhéin agus bho'n luchd-
foillseachaidh, air son an cuideachaidh. Tha sinn fada 'nan
comain. 'Sann ormsa, gu ceart, a thuit an taghadh bho dheir-
eadh agus is mi a dh' fheumas freagairt air a shon agus air son
cumadh a' chomhchruinneachaidh gu coitcheann. Chan obair
nach eil fosgailt do thubaist duanaire a chur an eagar. Chan
urrainnear, an còmhnaidh, làn chothrom a thoirt do obair gach

9

bàrd air leth agus do'n chorpus gu h-iomlan aig an aon am. Tha mi an dòchas gun gabh an luchd-compàirt, agus gach duine a leughas an leabhar sa, mo leisgeul ma tha an leithid sin de lochd r'a lorg air a' chruinneachadh sa.

D. M.

AITHEANTAS

Tha aitheantas ri thoirt do MhacGhillFhaolain, a chuir a mach *Dàin do Eimhir* (1943) aig Somhairle MacGill-Eain agus *Fuaran Sléibh* (1947) aig Deòrsa Mac Iain Deòrsa; do Oliver & Boyd Ltd., a chuir a mach *O na Ceithir Airdean* (1952) aig Deòrsa Mac Iain Deòrsa; do Serif Books mar luchd-foillseachaidh *An Dealbh Briste* (1951) aig Ruaraidh MacThòmais; agus do Ghairm mar luchd-foillseachaidh *Eadar Samhradh* is *Foghar* (1967) agus *An Rathad Cian* (1970), gach fear sgrìobhte aig Ruaraidh MacThòmais, *Bùrn is Aran* (1960) agus *Bìobuill* is *Sanasan-Reice* (1965), na dhà sgrìobhte aig Iain Mac a' Ghobhainn, agus *Seòbhrach ás a' Chlaich* (1967) aig Domhnall MacAmhlaigh.

Is còir dhuinn Urrasairean NicGilleMhìcheil ainmeachadh cuideachd a chionn 's gun do cheadaich iad gu fialaidh dhuinn an dealbhadaireachd a chìthear air taobh-duilleig 69 a chur 'san leabhar.

FIOS

Anns a' chlò-bhualadh seo airson nan Canongate Classics tha an taghadh gun atharrachadh, ach chaidh an cothrom a ghabhail fiosrachadh nas ùire a chur an cois an iomraidh ghoirid air obair nam bàrd aig deireadh an leabhair.

D.M.

In spite of the considerable decline in the number of Gaelic speakers and also in many areas of Gaelic culture during the present century, the last forty years have seen a remarkable flowering of Gaelic poetry, especially in the modern idiom.

The aim of this bilingual anthology is to make a representative portion of that poetry accessible to as wide an audience as possible. For this purpose the poems are presented along with a facing line-by-line translation in English. We consider this type of en face presentation the most satisfactory form for a bilingual production. It makes comparison of the translation with the original a simple matter. It gives the reader who is not familiar with the Gaelic language access to the meaning of the poems, at the same time preserving at least their general layout. The Gaelic reader, on the other hand, may make use of the translations as a commentary on the original texts, should he wish to do so.

The translations were made or revised in each case by the individual contributors. This makes them an authoritative restatement of the contents of the poems. Unavoidably, of course, the translation has entailed loss; but, as a matter of principle, the spirit of the originals and as much of the form as is feasible has been maintained. As is proper in the circumstances, Gaelic is given preference over English throughout the book.

The poems themselves were selected by me in consultation with the other four contributors. I am glad of this opportunity to express my gratitude (and the publishers' sincere thanks) to them for their co-operation. Naturally, the responsibility for the final selection and the balance of the collection as a whole rests with me. The compiling of an anthology is a task not without pitfalls. It is not always possible to do full justice to the work of individual contributors and to the whole corpus simultaneously. For any such shortcomings in this collection I hope that both the contributors, and all who will read this book, will accept my apologies.

D.M.

ACKNOWLEDGMENTS

Acknowledgments are due to William MacLellan, who published Dàin do Eimhir (*1943*), by Sorley MacLean, and Fuaran Sléibh (*1947*), by George Campbell Hay; to Oliver & Boyd Ltd, who published O na Ceithir Airdean (*1952*), by George Campbell Hay; to Serif Books as publishers of An Dealbh Briste (*1951*); and to Gairm Publications as publishers of Eadar Samhradh is Foghar (*1967*) and An Rathad Cian (*1970*), both by Derick Thomson, of Bùrn is Aran (*1960*) and Bìobuill is Sanasan-Reice (*1965*), both by Iain Crichton Smith, and of Seòbhrach ás a' Chlaich (*1967*), by Donald MacAulay.

Acknowledgments are also due to the Carmichael Trustees for kindly granting permission to reproduce the emblem printed on page 69.

NOTE

The content of the anthology is unchanged in this Canongate Classics edition, but the opportunity has been taken to update the brief bibliographical notes at the end of the book.

D.M.

CONTENTS

CLAR-INNSE

Tha bàrdachd Ghàidhlig de dhà bhun-sheòrsa 'ga dèanamh an diugh. Tha aon sheòrsa air a tharraing dìreach bho'n t-sean-ghnàthas. Tha e a' riochdachadh a' ghnàthais sin anns an am a tha an làthair ach tha cuibhreachadh a' ghnàthais gu mór a' toirt feac as. Tha càirdeas an t-seòrsa eile — a' bhàrdachd nuadha-sach — ris an traidisean nas caime, ged a tha an ceangal soilleir gu leòr. Tha buaidh mheadhanach mhór aig dòighean coigreach oirre, gach cuid litreachasail agus culturach. Tha i eadardheal-aichte ris a' bhàrdachd ghnàthasaich ann an cuspair, ann an seasamh agus ann an cumadh. A' cur an céill mar a tha an saoghal air atharrachadh, 'sann 's dòcha ann an eadardhealach-adh cuspair as lugha a gheibh sinn de annas.

'S ann air bàrdachd de'n dàrna seòrsa sin a tha an comh-chruinneachadh sa mach. An déidh sin cha bu mhisde sinn tòiseacheadh le sùil ghoirid a thoirt air cruth agus ionad na bàrdachd ghnàthasaich: mar a thuirt sin a cheana tha ceangal eadar na dhà. Is fìor r' a radha, saoilidh mi, gur e greadhnachas agus compàrt a bha fainear do'n mhór-chuid de'n bhàrdachd ghnàthasaich. Bha ealain a' bhàird a' toirt cothrom do'n luchd-éisdeachd a dhol an compàrt culturach; agus bha an compàrt sin a' daingneachadh an gréim air an ionad chulturach. Bha a' bhàrdachd gu mór air bhunaid beulais agus bha móran dhith an riochd òrain. Mar sin cha robh móran meas air nuadhas. Dh'fheumadh an luchd-éisdeachd greimeachadh a dh'aon lig-eadh ri brìgh na cùise, agus mar sin 'se ealantas rannaigheachd agus geòire cainnt air an riochdachadh anns an fhacal ghleusda, dhrùighteach air an robh an t-inneas. Gu follaiseach, cuideachd, cha robh àite anns an leithid sin de shuidheachadh do dhreuchd an léirmheasaiche. Cha robh eadardhealachadh ann de 'n t-seòrsa a tha air a chleachdadh an diugh eadar fear-éisdeachd agus breithniche, ged a bha feadhainn ann, neo is iongantas, a bha air am meas roimh chàch ann am breithneachadh ealain.

Bha an tomhais soirbheachais a bha gu bhith le bàrdachd an crochadh, anns a' cheud àite, air an gabhadh an luchd-éisdeachd rithe na nach gabhadh. B'e sin an aon urras air gu maireadh i agus gum biodh i air a craobhsgaoileadh a mach as a h-àite agus as a h-am ionadail.

A nise, bha de bhuaidh aig an seo gu robh e a' cur cuibhreachadh, ann an dòighean, gach cuid air a' bhàrdachd agus air a' bhàrd. Bha dlùth-cheangal eadar an traidisean agus comhdheilbh sòichealach àraidh. Mar a thuit an comhdheilbh sòichealach seo as a chèile, agus mar a chaidh ithe as agus rud eile a chur 'na àite, troimh an naoiamh linn deug agus troimh an fhicheadamh linn, agus mar a thàinig dòighean-beatha ùr a steach ann an am anns an robh buntanas ris an t-saoghal a muigh a' leudachadh gu brais, chaidh a' bhàrdachd beagan air bheagan an tainead. Tha an searg sa ri fhaicinn ann an iomadach dòigh. Chaidh àireamh cinn-chuspair nam bàrd an teircead, agus thàinig aonchruth orra. Chaidh inntleachd an lughad. Thàinig sgireileas ro-chumhang gu buil agus 'na chois claon-fhaireachdainn agus claon-shamhail, gu h-àraidh ann am bàrdachd nan eilthireach anns na bailtean móra. Tha an searg ri fhaicinn cuideachd ann an deilbh na bàrdachd fhéin: ann an crìonadh air so-labhairt; ann an dìth athnuadhais agus ann an cus earbsa á comhriaghailt; anns na meataforan troimh-a-chéile; agus ann am marbh-riaghailt an àite farum seòlta. Bha bàrdachd ann, gun teagamh, anns nach robh na mearachdan sin agus 's ann aice-se a tha an ceangal as dlùithe ris a' bhàrdachd ùr. Ach cha robh i anns a' choitcheannas.

'Se cur an aghaidh a' chrìonaidh sa ann an cultur agus ealain a tha ann an aon dual de'n nua-bhàrdachd. Bha dòighean gnàthasach ann cuideachd air cur an aghaidh atharrachaidhean; dòighean mar a bhith a' dèanamh de'n am a chaidh seachad seòrsa de linn-an-òir, far an robh gach cuid cuspair agus brosnachadh gun truailleadh, 's far an robh an tìde gu math (laoich agus banaraich air fonn aodharach, grianach); dòighean

mar mhór-amharas air nithean ùra (bàrdachd éibhinn mu
dheidhinn trèanachan uilbheisteach agus baothalas coimh-
each, cùl-shleamhnach mar òl téa); agus, an t-eiseamplair 's
dòcha as fheàrr a dh'fhoillsicheas brigh na cùise, féin-mholadh
làsdail. Tha a' bhàrdachd nuadhasach a' dol ris a' ghnothaich
ann an dòigh glé eadardhealaichte. Tha i a' coimhead ri
oibreachadh na cùise le sùil tòrr nas fuaire agus aig a' cheart
am a' cleachdadh cainnt a tha nas miona, nas pearsanta, nas
nitheil agus nas dealasaich.

Tha móran de'n bhàrdachd sa air a sgrìobhadh aig daoine air
an tàinig imrich as an dùchas a mach do'n t-saoghal mhór. Tha
seo gu cinnteach fìr mu'n fheadhainn a tha an obair anns an
duanaire sa; bha an cuid oideachaidh na mheadhan air an
atharrachadh, 's gun àrdsgoil, mar bu trice, 's gun idir oilthigh
anns an sgìr aca. Tha an gluasad a mach do'n t-saoghal mhór,
agus am buntanas an sin ri an comhaoisean, gu h-àraidh anns na
h-oilthighean, air sealladh nas leatha air beatha an duine agus
cuideachd air barrachd fiosrachaidh air dùileachas an litreachais
choigrich a thoirt dhaibh — comh-ionad ùr gus breith a thoirt
air an dualachas fhéin agus air a chuid ealain. Aig an aon am tha
cinnt làidir air a socrachadh annta gu bheil iad air móran a chall
an àite na bhuannaich iad. A thaobh faireachdainn tha iad gu
mór an eiseamail an dùthchais, do'm buin am bun-fhiosrachadh
agus, cuideachd, an teanga; ach tha am fiosrachadh coigreach air
inntinn neo-eiseamaileach àrach annta. Cuiridh Ruaraidh
MacThòmais gu soilleir facail air:

> An cridhe ri bacan . . .
> 's an inntinn saor.
> Is daor a cheannaich mi a saorsa.

Tha iad air fàs dà-chulturach agus 'se an suidheachadh sa — fear
anbarrach corrach — a tha a' riochdachadh an teannais as a bheil
móran de'n cuid bàrdachd a' tighinn.

Tha an seòrsa dà-fhios a tha aig a' bhàrd air a shuidheachadh

air a chur an céill aig Iain Mac a' Ghobhainn, ann an dàn mar
"A' Dol Dhachaidh":

> Am màireach théid mi dhachaidh do m' eilean . . .
> Togaidh mi dòrn de fhearann 'nam làmhan
> no suidhidh mi air tulach inntinn
> a' coimhead "a' bhuachaill aig an spréidh".
>
> Dìridh (tha mi a' smaointinn) smeòrach.
> Eiridh camhanaich no dhà . . .

Tha againn ri mothachadh gur e tulach *inntinn* a tha ann; gu bheil
camagan a' còmhdach *"a' bhuachaill aig an spréidh"*; do neochinnt
camhanaich no dhà; 'se sin gu bheil am mìneachadh gnàthach air
"tilleadh an eilthirich" air a chur fo mhion-amharas.

Anns an t-sreath dhàn anns an leabhar *An Rathad Cian* tha
MacThòmais a' mìneachadh a' chomhcheangail a tha eadar e
fhéin agus àite a bhreith. Anns a' chomhchruinneachadh *Eadar
Samhradh is Foghar* tha a' cheud trì earrainnean — "Eilean an
Fhraoich", "Gaidhealtachd na h-Albann", agus "Air Fàire" —
air an socrachadh air dòigh a tha a' seolltainn dhuinn gu
follaiseach a bhun-ionad, agus, an sin, a comhshuidheach-
aidhean, cumhang agus farsaing. An seo a rithist tha dà-fhios
anns a' chùis. Anns a' cheud dàn, "Sgòthan", tha e a mach air
asaonadh fiosrachaidh agus mar a tha a' chuimhne, a réir coltais,
'ga shlànachadh:

> Mùirneag bheag taobh thall an loch
> mar gu ruiginn oirr' le ràmh . . .
>
> Beinn Phabail an so ri m' thaobh,
> is Hòl 'na chrùban gu tuath . . .

Agus 'se a' chrìoch a chuireas e air an dàn:

> ach chaidh mise bhuap air taod
> cho fada 's a théid gaol bho fhuath.

22

Anns an dàn "Comharra Stiùiridh" tha an sgrìobhadair cuid-
eachd a mach air sgaoileadh eadar e fhéin agus eilean àraich.
Mar thoradh air iomadh falbh agus tilleadh, tha an t-eilean
roinnte eadar a' chuid sin de a shaoghal a tha caillte, a' chuid a
tha am bàrd air a ghléidheadh ann fhéin agus a tha bunasach 'na
bheatha, agus an t-eilean mar a tha e air tionntadh gu bhith 'na
àite eadardhealaichte.

Anns an traidisean Ghàidhlig tha iomadh dàn agus òran mu
dheidhinn àiteachean. Tha seo againn cuideachd anns a'
bhardachd ùr ged nach eil uibhir innte dhiubh agus, gun
teagamh, nach eil iad air an aon aidheam anns an dà àite.
Cha bhiodh e as àite dhuinn beachdachadh air nàdur na
dìlseachd a tha bàird an duanaire ri cur an céill. Tha dìlseachd
sgìreil a' nochdadh gu tric ann an dàin mu dheidhinn àite àraich
a' bhàird. Tha, cuideachd, dìlseachd fhineachail (anns an
t-seagh mhath), ma thogras sinn, a' nochdadh anns a' bhàr-
dachd sin anns a bheil an t-sinnsireachd air a h-ainmeachadh
agus air a suideachadh an àite àraidh; agus tha seo air a
chleachdadh aig a' bhàrd mar dhòigh air àite a shuidheachadh
dha fhéin ann an eachdraidh a dhaoine.

Bhiodh e, saoilidh mi, ceàrr seo a ghabhail mar chomharra air
adhradh shinnsirean agus dachaigh. Saoilidh mi gur fìr ri radha
gur e tha anns a' mhórchuid de na dàin a tha a mach air na
cuspairean a dh' ainmich sinn, anns an nòs ur, dàin a tha a'
mìneachadh cheisteachan mu dheidhinn có e am bàrd agus càit
am buin e. Cha bu chòir gu bheil a leithid sin de cheiste ag éirigh
air Gaidhealtachd na h-Albann iongnadh a chur oirnn, oir 'se
aon de na rudan as motha a tha dhìth air a' Ghaidhealtachd
fócas, aon aidheam a dh'aonadh muinntir chèarnaidhean ead-
ardhealaichte, agus a shealladh dhaibh nàdur an comhsheilbh
agus an comhthàthaidh ri chèile. Chan eil duine a tha an sàs
dlùth anns an àite nach mothaich gu bheil an easbhuidh sin air,
ann fhéin. Tha sireadh fócas-aonaidh mar sin air daoine ead-
ardhealaichte a thoirt gu an comhdhùnaidhean fhéin. Do

23

Shomhairle MacGill-Eain, air àrach air an dàrna làimh air
beuloideas bho'n do dh'ionnsaich e an t-éigneachadh a dh'fhuil-
ing a dhaoine fo làmhan luchd reubainn, agus air an làimh eile
air deasbadas misgeach na 1930an, b'e sóisealas a bheireadh buil
air a' chuis. Thug sin dha dealbh air ceann-uidhe agus beart
phoiliticeach a chuir comhrian gu soilleir air a' bhàrdachd a rinn
e aig an am sin, agus a tha am buaidh r' a faicinn anns na rinn e
an déidh sin cuideachd. Tha fuasgladh eile air a' cheiste aig
MacThòmais agus aig Deòrsa Mac Iain Deòrsa a tha iad a' cur
an céill mar nàiseantas; tha Alba dhaibhsan 'na roinn anns a
bheil brìgh phoiliticeach. Air an làimh eile cha shaoil thu gu
bheil sùil aig Mac a' Ghobhainn no aig an sgrìobhaiche, an
dithis as òige de'n chóigear, ri fuasgladh bho bhàrrdheilbh sam
bith—co-dhiù 'nan cuid bàrdachd. Tha iad de linn anns a bheil
earbsa ann am planaichean a' sìr-dhol an lughad anns gach pobal
do'm buin iad. Tha an agartas a' dol gu cuspair as farsainge, mar
an daonnachd; agus tha e aithnichte a thaobh buidhnean
riarachais gu bheil barrachd de fheagal aca roimh an comas-
san air sgrios a dhèanamh na tha de dhòchas aca gun cuidich iad
an togail an t-saoghail chothromaich.

Thuirt sinn a roimhe gu bheil a' bhàrdachd ùr eadardheal-
aichte ris an té ghnàthasaich 'na cuspair, 'na seasamh agus 'na
cumadh. Tha sinn air iomradh a thoirt air feadhainn de na
h-atharrachaidhean seasamh. Thuirt sinn gur e na h-eadardheal-
achaidhean cuspair as neo-aithnichte—ach tha iad sin ann
cuideachd. 'S dòcha gur e am fear as cudthromaich aca mar a
leudaich cinnchuspair gus gabhail a steach rud sam bith do'n toir
am bàrd aire: gu dearbha chan eil liost de chinn-chuspair
aontaichte anns a' bhàrdachd sa idir. Mar eiseamplair, ni Mac-
Gill-Eain bàrdachd phoiliticeach anns a bheil e air a chur an céill
gu bheil a' phoiliticeachd 'na gnothaich a bhuineas ris an
t-saoghal air fad; ni e dàin a tha 'nan deasbaid shoifiostaiceach
mu dheidhinn a' chomhcheangail a tha eadar gaol is ciall no 'nan
deasbaireachd fheallsanach mu dheidhinn tìm agus faireachadh.

Cuiridh Mac Iain Deòrsa an céill bàrdachd mu dheidhinn oillteas cogaidh agus na tha 'na lùib do'n chinne-daonna, gach cuid duine agus pobal. Tha MacThòmais gu domhainn an sas anns an dòigh anns a bheil an duine a' dualadh 'na eachdraidh; Mac a' Ghobhainn ann an staidean inntinn agus comas is eucomas an duine air eadarcheangal a dhèanamh ri a chomhchreutar; an sgrìobhaiche ann am buailteachd an duine do bhith a' deilbh foirbheartan a tha toirt searg air beatha. Chan eil a h-aon de na cinn sin a' cur cus iomnaidh air mòran de na bàird ghnàthasach.

Tha atharrachaidhean mothaichte ann an cumadh cuideachd. A thaobh seo tha na bàird anns an duanaire iad fhéin ag atharrachadh gu math bho chèile. Anns a' bhàrdachd ghnàthasaich tha comhchasadh anbarrach de sheòrsaichean rannaigheachd. Maille ri comhardadh bha casadh driamanach de chomhfhuaimneachd, uaim is amas, agus atharrachadh fad anns an loìne agus anns an rann. Dìleab mór a tha an sin, agus tha na bàird air am feum fhéin a thoirt a roinnean eadardhealaichte dheth. Tha Mac Iain Deòrsa, mar as trice, a' roghnachadh rainn de dh'atharrachadh fad a' dèanamh comhardadh réidh. 'S còir dhuinn mothachadh nach e rannaigheachd choitcheann an naoiamh linn deug agus an fhicheadamh linn a roghainn, ach feadhainn as aosda. Tha e a' togail aon seòrsa ás an t-sean Ghàidhlig: *trí rainn agus amhrán* — nach robh a riamh cumanta an Gàidhlig na h-Albann. Gun teagamh 'sann a' cur an aghaidh an rud a bha tachairt anns an linn a chaidh seachad a tha seo, nuair a bha an rannaigheachd chumanta air a dhol thar rian gu ruige 's gu robh i a' bàthadh ciall na bàrdachd. Chì sinn ann am bàrdachd Mhic Iain Deòrsa gluasad, beag air bheag, bho rannaigheachd chuibhrichte gu té nas fhosgailte, agus tha a' ghluasad sin a' comhfhreagairt ris mar a bha earbsa 'na ealain fhéin a' fàs. Chan ann an cumadh seòrsaichean ùr de rannaigheachd a tha a phrìomhathnuadhas ri fhaicinn, ach ann an athbheothachadh cruthan gnàthasach: ann an cumadh pàtranan comhfhuaimneach, casta, gu sònraichte an ceithreamhan. Tha na pàtranan sa air an amladh a steach anns an rannaigheachd, a' cur binneas aotrom, glan rithe. Tha an dàn "Do Bheithe Bòidheach" 'na eiseamplair mhath air an seo. Faodar a radha, cuideachd, gu bheil Somhairle MacGill-Eain ag obrachadh an taobh a staigh de riaghailtean na rannaigheachd ghnàthasaich. Ach tha esan cuideachd a' cur móran rithe gus a h-athnuadhachadh, agus, gu dearbha, gus a cruth-atharrachadh. Saoilidh mi gur e alt dràmadach an t-ainm as fhèarr dhuinn a thoirt air an rud a tha e a' cur rithe. Tha fuaimean agus comhruith air an cur an altan a chèile gus a' bhuaidh dhràmadach sa a thoirt gu buil. Tha seo a' cur faireachadh dian, dùrachdach am móran de chuid dhàn, gach cuid anns na dàin gaoil agus na dàin phoiliticeach.

Tha Iain Mac a' Ghobhainn cuideachd glé thric a' cleachdadh comhardadh ann an loìnichean de'n aon fhad, air shamhail na bàrdachd ghnàthasaich. Ach am broinn an structar sa bidh e ag atharrachadh na comhruith, agus a' cleachdadh comhfhuaimneachd mhion-ghrinn gus an toradh a ghlacadh — móran dhith coltach ris an té a tha r'a cluinntinn 'na bhàrdachd Beurla. Ann am feadhainn de na dàin bidh e a' cleachdadh amas agus loìnichean nach eil de'n aon fhad, gun coimhead ri samhail nan riaghailten gnàthasach idir.

Ged a bhios MacThòmais agus an sgrìobhaiche a' cur rannaigheachd ghnàthasach an sàs ann an cuid de'm bàrdachd 'sann nas ainneamh na càch a ni iad sin. A rèir coltais, 'se an cruth as éifeachdaiche a chleachdas iad an rann fada le loìnichean de dh'atharrachadh fad, anns a bheil a' chomhruith air a deilbh gu faiceallach — glé thric air a stéidheadh air ruith a' chòmhraidh choitchinn; agus far a bheil na facail as deatamaiche air an comharrachadh anns an dòigh sin, agus ann an dòighean eile mar chomhardadh am broinn na lòine agus mar amas. Bu chòir a radha gu bheil MacThòmais 'na fhear-ceàird air leth a ghearras iomadh seòrsa rann, gach cuid gnàthasach agus athnuadhasach, le liut gun choire.

Tha e gu math nas doirbhe cunntas mion a thoirt air a'

chomhcheangal a tha aig na bàird ri litreachas coigreach na
an ionadachadh 'nan dualachas. Is fhìr, gun teagamh, gur e a'
bhàrdachd Bheurla agus a' bhàrdachd Ghallda as motha tha iad
'nan comain; ach seachad air an sin tha e doirbh aon phrìomh
bhuaidh fhollaiseach a shònrachadh.

Tha feadhainn de na h-aon cheistean a' cur dragh air na bàird
Ghàidhlig agus Ghallda, agus rinn an t-Athdhùsgadh Gallda
spreòtadh tràth air bàird Ghàidhlig. Tha ceud liricean Uisdean
MhicDhiarmaid air an cumadh fhàgail air riochd na lirice. (Cha
b'fhurasd a bhith anns an aon dùthaich ris an t-sàr-laoch sin gun
àite thoirt dha.) Cuideachd tha buaidh bho shnas bàrdachd
Edwin Muir r'a h-aithneachadh air obair Iain Mhic a' Ghobh-
ainn. Ach, a thuilleadh air an sin, tha buaidh dhìreach doirbh a
faicinn. Tha buntanas pearsanta ris an fheadhainn a bha an sàs
anns a' bhàrdachd, agus mothachadh air gluasdachd litreacha-
sail, agus air beachdan, air a bhith nas soirbhiche, a réir coltais,
na bha a' bhàrdachd i fhéin.

A thaobh bàrdachd anns a' Bheurla tha bàird eadardhealaichte
a' tarraing á earrannan eadardhealaichte dhith — a réir 's dé an
t-àite bha aice 'nan oideachadh, no dìreach a réir 's de dhith a
chòrdas riutha. Mar a tha sinn ag radha nas fhaide air adhairt, tha
buaidh air a bhith aig bàird mhetafiosaiceach an t-seachdamh linn
deug air Somhairle MacGill-Eain. Bha i fasanta an saoghal
litreachais na Beurla nuair a bha e 'na oileanach an Dùn Ei-
deann, agus tha a riochdachadh inntleachdail 'ga tharraing. Tha
bàrdachd na Romansach air a làrach fhàgail, gu sònraichte air
bàrdachd Ruaraidh MhicThòmais. 'Sann, gun teagamh, 'na
dealbhachd thuathach a tha e a' cur ùidh.

Tha bàird a' cheud leth de'n fhicheadamh linn air an làrach
fhàgail cuideachd, mar a dhùilicheadh duine. Tha seo gu
sònraichte fìr a thaobh Yeats (le a ùidh an nithean Ceilteach).
Tha buaidh céim air choreigin d'a chuid obrach r'a faicinn air
bàrdachd gach duine de na bàird ach, 's dòcha, Mac Iain Deòrsa.
Tha Pound agus Eliot air an gabhail a steach, agus bàrdachd

phoiliticeach na 1930an — ged nach eil a blas "soisgeulach" ach air bàrdachd Shomhairle MhicGill-Eain a mhàin. De bhàrdachd nam bàrd as comhaimsirich chan eil comharra ri lorg ach an obair Iain Mhic a' Ghobhainn — a tha air fear dhiubh. ('S fhiach dhuinn a radh gu bheil ùidh aige-san am bàird Aimeireaganach, gu sònraichte William Carlos Williams agus Robert Lowell.) Far a bheil na dhà coltach ri chéile, mar ann an cleachdadh *vers libre*, 'sann air forsgaoileadh an comhchomhair a tha iad.

Gun teagamh sam bith 'se Samhlachas a' ghluasdachd bàrdachd aig am motha a tha air a bhith de bhuaidh air a' bhàrdachd nuaGhàidhlig. Ged nach do thòisich i seo 'na gluasdachd Bheurla 'sann troimh an bhàrdachd Bheurla a fhuair na bàird Ghàidhlig am prìomh-fhios oirre. Ach tha fiosrachadh aca oirre á ionadan eile cuideachd. Tha e fìr a radha gu bheil mothachadh aig na bàird uile air roinn mhath de bhunthobraichean na bàrdachd Eòrpaich, gach cuid an té a bhuineas do'n fhicheadamh linn agus an té chlassiceach, agus aig a' mhórchuid aca air roinn de'n bhàrdachd chomhaimsireil agus chlassiceach anns na cànanan Ceilteach eile. Tha Mac Iain Deòrsa, aig a bheil alt math air cànanan, air bàrdachd eadartheangachadh á cuid mhath de na bun-ionadan sin.

Faodaidh sinn a nise sùil ghoirid a thoirt air obair gach fear de na bàird air a bheil sin amach, fear an déidh fìr. 'Se Somhairle MacGill-Eain am fear aca a bha an clò an toiseach — chaidh *Dàin do Eimhir* fhollaiseachadh an 1943 — agus 'se tha air toiseach cuideachd a thaobh buaidh mhór a bhith aige air càch. Saoilidh mi nach b'urrainn do'n bhàrdachd Ghàidhlig a bhith a riamh mar a bha i roimhe an déidh do'n leabhar sin a thighinn am follais. Aig an am, bha e a' coimhead annasach ùr agus, gu ìre, tha an t-athnuadhas sin a' leantainn ris; ach a nise thathar nas dualtaiche fhaicinn 'na athchruthachadh agus 'na athleasachadh, a' cur anail ùr ann an sean ealain na bàrdachd Ghàidhlig. An déidh seo chithear e, 's dòcha, mar an ceangal beò gun choimeas eadar an sean shnas agus an snas ùr. 'Se feadhainn ghnàthasach a tha ann am móran de na buaidhean a tha air a' bhàrdachd sa — mar sho-labhrachd, dealas, agus torachd inntinn. Aig an aon am tha na buaidhean sin a' cur le beachdan daonnda agus poiliticeach. Tha an saoghal Gaidhealach air a mhìneachadh ann an dòigh ùr, agus an t-slighe air a fosgladh gus cuspairean ùra a thogail, agus gus dòighean ùra air an toirt am follais a ghnàthachadh.

Chaidh móran de na dàin a tha anns an leabhar a sgrìobhadh ann an ùine ghoirid an deireadh na 1930an mar thoradh air fiosrachadh dian — aig amannan cha mhór ro-dhian — air gaol. Co-dhiù 'se am fiosrachadh sin a chuir cùisean an eagair; is ann as a thàinig an teinne a dh'éignich ri chéile bàrdachd rofhaireachail, is a leagh na chéile earrainnean ead-ardhealaichte 'nan ealain mhìorbhaileach. (Feumaidh sinn cuimhne a bhith againn gu robh MacGill-Eain 'na bhàrd comasach roimh'n am sa.) Tha e ag radha anns a' cheud dàn a tha againn anns an duanaire:

> Mur b'e thusa bhiodh an Cuilithionn
> 'na mhùr eagarra gorm
> ag crioslachadh le bhalla-crìche
> na tha 'nam chridhe borb . . .

Tha MacGill-Eain a' riochdachadh a' Chuilthinn mar shamhla ioma-taobhach: an seo tha e 'na shamhla air a' bhunfhiosrachadh a fhuair e as a dhualachas Gaidhealach:

> ach chuir thusa orra riaghladh
> os cionn mo phianaidh fhìn . . .

Agus

> chinn blàthmhor Craobh nan Teud,
> 'na meangach duillich t' aodann . . .

Tha am fiosrachadh sin a' lìonadh a bhith, agus a' tighinn aghaidh ri aghaidh, agus uaireannan ann an còmhstri ri earrainnean eile de bheatha. Tha e a' toirt dha ro-aoibhneas agus ro-bhròn — agus 'gan ath-mhìneachadh dha — mar a chì sinn anns na dàin "Camhanaich" agus "An Uair a Labhras Mi mu Aodann". Tha e a' beachdachadh air pàrt de'n chòmhstri, mar a dh'éireas eadar gaol agus dleasdanas, anns an dàn "Gaoir na h-Eòrpa" far a bheil e a' cur na ceiste:

An tugadh corp geal is clàr gréine
bhuamsa cealgaireachd dhubh na bréine,
nimh bhùirdeasach is puinnsean créide
is diblidheachd ar n-Albann eitigh? . . .

. . . am mèinear Spàinnteach a' leum ri cruadal . . .?

Bha buaidh air a bhith aig téoraidh agus programan sóisealach na 1930an air MacGill-Eain (mar a chì sinn an "Cha do Chuir de Bhuaireadh Riamh", mar eiseamplair); agus anns an dàn gaoil "An Roghainn" tha e ag àrach air fhéin nach robh de dhealas ann na lean e, gun mhuthadh, an t-slighe àrd, dhoirbh:

Cha d' ghabh mise bàs croinn-ceusaidh
ann an éiginn chruaidh na Spàinn,
is ciamar sin bhiodh dùil agam
ri aon duais ùir an dàin?

Chì sinn ann an cumadh an dàin sa cuideachd aon de na cruthan litreachais coigreach aig an robh buil nach bu bheag air fhàs mar bhàrd — bàird Bheurla mhetafiosaiceach an t-seachdamh linn deug. Tha comhcheangal dlùth aig an inneal litreachais eadar-sgairaidh, a tha e a' cur gu feum cho éifeachdach anns an dàn, riuthasan. Gun teagamh 'se an Samhlachas am modh as motha aig a bheil de bhuaidh air a shnas bàrdachd. Feumaidh duine sam bith a tha air son comhchasadh bàrdachd MhicGill-Eain a thuigsinn èolas a bhith aige air bunaid na gluasadachd sin. Saoilidh duine gu tric gu bheil a shamhlaidhean ioma-tagrach, is na tagraidhean sin air am mìneachadh troimh a obair gu léir. Glacaidh duine boillsgidhean agus comhfhreagairtean céille, a tha duilich a leantainn gu 'n ceann-uidhe agus am mionmhìneachadh, ach, an déidh sin, anns a bheil solus iomfhiosach agus a tha a' cur rìomhadh agus deilbh shlàn 'na bhàrdachd. Ris an deilbh sa tha gaol is poiliticeachd, eachdraidh is gaol-dùthcha air an cur gu h-iomfhillteach, air dhòigh agus nach eil fhios againn có thuige aca a tha an tagradh ag iarraidh. 'Se an rud, saoilidh mi, gu bheil e ag iarradh thuca gu léir còmhla.

An uair a choimheadas sinn ri "Hallaig" agus "Coilltean Ratharsair" chì sinn bàrdachd a tha eadardhealaichte bho'n bhàrdachd ghaoil. Dealbh air saoghal eile a tha anns an dàn "Hallaig," le a tuar tuireach, — neo, co-dhiù, dealbh cruthatharrachaidh de'n t-saoghal sa, anns a bheil na riaghailtean gnàthach air an cosg. Gun teagamh 'sann ri "aisling" a tha a dualchas. Dhomhsa, cuideachd, tha e 'na rìochdachadh gu tur gun dòchas ('s dòcha chionn 's gu bheil na nithean beathadach air an dèanamh neobheathadach) a dh'aindeoin 's gu bheil tìm, a sgrios Hallaig, e fhéin air a bhuaidh a thoirt as le gràdh, agus gu bheil a' chòmhstri air a sgaoileadh mar sin. Tha an sgaoileadh sin a' tachairt anns an t-saoghal eile (neo anns an rìochd saoghail eile), agus chan fheum cruth-atharrachadh air an t-saoghal a tha againn leantainn ás.

Air an làimh eile tha "Coilltean Ratharsair" a' tòiseachadh le moladh air caochlaideachd agus mór-bheart na coille, agus tha e a' crìochnachadh le ceiste dhomhainn mu dheidhinn a' chomhthàthaidh shamhlaich — 's dòcha mu dheidhinn comhthàthadh an t-Samhlachais fhéin — fo bhinn fiosrachaidh.

Tha snas do-àicheanta MhicGill-Eain air an dà dhàn sin, agus cuideachd air na dàin a rinn e an déidh sin, mu dheidhinn a' chogaidh, agus "Aig Uaigh Yeats". Tha e air comas cruthachaidh làidir a ghléidheadh fada seachad air an am anns am bu mhotha a bha a thoradh.

Tha Deòrsa Mac Iain Deòrsa air dà leabhar bàrdachd a thoirt am follais agus tha e air a bhith a' sgrìobhadh cuideachd bho chionn ghoirid ann an irisleabhair. Dh'fhollaisicheadh *Fuaran Sléibh* an 1947 agus *O na Ceithir Airdean* an 1952. 'Se aon de na rudan as càileire 'na obair an ùidh a tha aige ann an aghaidh nàduir agus an comas a tha aige air an ùidh sin a chur an céill 'na bhàrdachd. Tha seo ri fhaicinn gu soilleir ann an "Do Bheithe Bòidheach". Is fhiach comhdheilbh an dàin sin coimhead rithe, oir tha i a' cur an céill móran de 'n t-seòrsa beart is snas a tha 'na bhàrdachd gu h-iomlan. 'Sann air an t-sùil a tha dealbhachd a cheud rann cha mhór gu léir ag agairt. Tha sinn a' faicinn cho àrd agus a tha a' bheithe, far a bheil i air a suidheachadh, agus mar a tha àile fhalamh ceithir-thimcheall oirre; tha sinn a' faicinn cuideachd cho uaine is cho ùr is a tha i:

> Neul a' snàmh air an speur,
> duilleach eadar e 's mo shùil;
> ùr bàrr-uaine gruag a' bheithe . . .

Tha dealbhachd an dàrna ceithreamh ag agairt air a' chluais. Tha a' bheithe air a dealbhadh 'na h-inneal-ciùil air a bheil a' ghaoth a' cluiche:

> cruit na gaoithe do bhàrr teudach,
> cuisleannan nan geug ri port.

'Sann chun na sùla a tha an trìamh ceithreamh ag iarraidh, mar a' cheud fhear, ach de'n uair sa tha a' chraobh 'na "sìodhbhrugh do na h-eòin" a tha i "a' tàladh as gach àirde". Tha an ceithreamh rann a rithist ag agairt air a' chluais, an uair sa le ceileireadh nan ian samhraidh le "mil 'nan gob". Tha an rann bho dheireadh ag radh gur fhèarr na sin uile a' bheithe fhéin fhaicinn "air bhogadan réidh . . . seang bàrr-snìomhain amlach ùrar".

Nuair a ni sinn sgrùdadh air an dàn chì sinn cho faiceallach 's a tha e air a chur ri chéile. Ach chan eil am faiceall sin idir ro-fhaicsinneach. Tha an dàn a' ruith le gluasad tlachdmhor, ann am pàtran comhchasta de fhuaimean. Tha an comhardadh a' dol *a b c b* agus tha aicill eadar am facal bho dheireadh an *a* agus *c* agus facal anns an ath loìne. Tha uaim agus amas air an cleachdadh gu h-ealanta, a' deanamh comhfhuamnas réidh binn, a tha a' cur an céill cinn-chuspair an dàin gun asaontas.

Tha an aon ghréim r'a fhaicinn anns "Na Baidealan" agus an "Siubhal a' *Choire*"; anns na dàin sin cuideachd tha a' chainnt air a cumadh gus fonn a thoirt gu buil a tha an comhshìneadh réidh rì cuspairean (glé eadardhealaichte) na bàrdachd.

Chì sinn an obair Mhic Iain Deòrsa gluasad bho'n t-seòrsa bàrdachd air an robh sinn a' bruidhinn, bàrdachd, anns a' mhòrchuid, a tha a' faicinn an duine mar chuspair inntinneil agus a tha a mach air ann am modh car acaideamach, gu bàrdachd a tha a' buntainn ri beatha an duine mòran nas dlùithe. Tha e coltach gur e na thachair ris anns a' Chogadh Mhòr bho dheireadh, gu sònraichte anns an Aird-an-Ear Mheadhanach, a thug an t-atharrachadh sa gu buil. Tha mothachadh geur aig Mac Iain Deòrsa air traidisean agus eachdraidh agus tha an dàn "Truaighe na h-Eòrpa" a' cur an céill a mhothachadh air mar a bha "a bòidhchead shèimh, aosda" ga sgaoileadh is ga sgrios, agus mar a bha i air a lughdachadh gu bhith 'na "Rudha na h-Aisia". Tha e cur seo ann an rainn a tha gach cuid tarcaiseach agus lìomhta, sèimh. Nuair a sheallas sinn ri "Bisearta", an coimeas ris an dàn sin, tha an t-sèimheachd air falbh. 'Na h-àite tha an oillt a tha "Bisearta", is e na smàl, a' cur air. Tha dealbhachd anbarrach cumhachdach anns an dàn sin. Tha e faicinn an teine 'na uilbheist uilc:

> a' clapail le a sgiathaibh,
> a' sgapadh 's a' ciaradh rionnagan na h-àird' ud.

— mar gum biodh comas aig a h-olc air cur a steach air comhdheilbh na cruinne fhéin. Tha e a' cur uamhann air mar a tha an teine, air fàire, "a' dol an leud . . . an tosdachd olc is aognaidh". Tha an tosd sa a' cur 'na inntinn gur dòcha gu bheil a leithid de rud ceadaichte bho'n tha e neo-ainmichte, agus tha e a' faighneachd:

> C' ainm an nochd a th' orra,
> na sràidean bochda anns an sgeith gach uinneag
> a lasraichean . . .?
> Is có an nochd tha 'g atach
> am Bàs a theachd gu grad . . .
> air bhàinidh a' gairm air cobhair, is nach cluinnear?

Bheir a bhith ag ainmeachadh nithean, agus dhaoine, faisg iad.
   Tha e coltach gu robh buaidh mhór aig na thachair ris anns an Aird-an-Ear air Mac Iain Deòrsa. Anns an dàn "Atman" mar eiseamplair tha am fear-tuatha Atman mar mheadhan aige air mathasan àraidh a mholadh agus air e fhéin a chur air an taobh. Rinn Atman meirle " 'na éiginn" agus dh'innis e breug gus faighinn ás; agus chaidh a chàineadh is a chuipeadh air son sin agus a chur am prìosan; ach an déidh sin, le fhiosrachadh air an t-saoghal, le sheasmhachd, agus leis cho fosgailte is a bha e:

> Thogte do shùil o'n obair
> á cruth an t-saoghail a dheoghal tlachd . . .

tha e air a mheas roimh an bhritheamh a tha air a chomas a chall air a bhith 'na "dhuine" agus "beò". Agus tha ceartas fhéin "sreamshùileach o sgrùdadh a leabhair cunntais" — 'se bun-chionta Atman gu bheil e bochd. Gun teagamh tha Atman a'

toirt an cuimhne Mhic Iain Deòrsa tuath 'na dhùthaich fhéin
anns an aon teinne. Tha a mhathasan glé choltach ris an aon
fheadhainn a tha e ag àireamh air an iasgair bhàrrshamhlach air a
bheil e a' tighinn ann an dàn eile.

Tha Mac Iain Deòrsa a' cur an céill a ghaol d'a cheàrnaidh
fhéin ann an dàin mar "Cinntìre" (*Fuaran Sléibh*, d. 15), ach
'sann 'na dhàin nàiseantach as fheàrr a tha e a' cur an céill a
ghaol dùthcha. Tha barrachd air aon seòrsa ann de na dàin sin.
'Se dàn greadhnachais a tha an "Ceithir Gaothan na h-Albann",
mar eiseamplair, a tha e a' fiachainn ri aonadh a dhèanamh as an
tig rèit eadar earrannan dealaichte. 'Se dan spreòtaidh a tha an
"Dleasnas nan Airdean":

> A òigridh mo dhùthcha . . .
> Biodh bhur ceum air a' mhullach . . .
> mu'n tig sgrios 'na bheum-sléibh oirnn.

Tha "Meftah Bâbkum es-Sabar", loine à dan Arabach leis a
bheil a' chiall "iuchair bhur doruis an fhaidhidinn", a' diùltadh
gabhail ris an teidil:

> A ghliocais mar chluig mhall' an fheasgair,
> chan ann dhuinne do leithid!
> Oir sgrìobhadh roghainn fo leth dhuinn:
> an t-sìth 's am bàs no gleachd 's a' bheatha.

Tha an dàn a' gabhail roimhpe is a' cur am follais a' chreideas gu
feum "ar dùthaich" ('se sin Alba), ma tha i gu bhith ann,
gleachd, misneachd, seasmhachd inntinn, agus faireachdainn
agus mothachadh gun chlaonadh, bho a luchd-inntleachdais.
Creideas e sin nach misde iomadh atharrais.

Tha aon chuspair ann a thachras rinn anns na trì leabhrai-
chean bàrdachd a tha Ruaraidh MacThòmais air a thoirt am
follais — *An Dealbh Briste* (1951), *Eadar Samhradh is Foghar*

(1967) agus *An Rathad Cian* (1970). 'Se sinn sgrùdadh air àite a bhreith agus air a chomhcheangal ris. Tha anns *An Rathad Cian* ruith de dhàin a tha a' dèanamh rannsachadh air a' chuspair sin agus tha a' cheud trì earrannan an *Eadar Samhradh is Foghar* an sàs ann cuideachd. Tha an rannsachadh ann an riochdan eadardhealaichte. Anns an dàn "Geodha air Ghùl na Gréine" tha am bàrd a' coimhead ri mar a bhios daoine a' socrachadh dhaibh fhéin dòighean air iad fhéin a ghléidheadh ann an gàbhadh de leithid an fhir a tha air breith air cultur na Gàidhlig:

> geodha air chùl na gréine, 's a mhol gun ghrùid,
> far an rachadh bliadhnachan geal
> > na gealaich seachad siar air . . .

Gu tric . . .
an do rinn iad bàgh air an rachadh an iargain
> 's an ciùrradh seachad . . .

Agus an sin cuiridh e an céill cho bàn-fhalamh 's a tha an leithid sin de inneal air a' cheann thall.

Tha e a' coimhead ris a' chùis bho thaobh eachdraidh, mar anns an dàn gheur, thuigseach "Srath Nabhair", far a bheil e a' sònrachadh bunaidean bréige na feallsanachd a bha a' moladh 's a' mathadh fògradh nan daoine an ainm adhartais. Tha e a' toirt seo am follais le bhith a' togail dealbhan comhchlaon air an réir:

> . . . an bhliadhna thugh sinn an taigh le bleideagan sneachda.

Agus sud a' bhliadhna cuideachd
a' shlaod iad a' chailleach do'n t-sitig,
a shealltainn cho eòlach 's a bha iad air an Fhìrinn . . .

'Se aon de na rudan air a bheil MacThòmais a mach, na h-atharrachaidhean a tha tighinn air an àite. Tha facal sòn-

raichte aige mu dheidhinn feadhainn de na bha a' dèanamh an
atharrachaidh, mar eiseamplair anns an dàn "Am Bodach-
Ròcais":

An oidhch' ud
thàinig am bodach-ròcais dh'an taigh-chéilidh . . .
Bha boireannach 'na suidh' air stòl
ag òran, 's thug e 'n toradh ás a' chèol.
. . . thug e òran nuadh dhuinn . . .
is sprùilleach de dh'fheallsanachd Geneva . . .

Ach tha daoine comasach air iad fhéin a ghléidheadh bho'n
leithid sin de atharrachaidhean cuideachd, mar a sheallas e
dhuinn anns an dàn "Ged a Thàinig Calvin". Tha e inntinn-
each do chor beatha nan daoine, agus tha mothachadh aige air an
seasmhachd an aghaidh daorsainn agus bochdainn. An "Clann-
Nighean an Sgadain" tha e ag radha:

B'e bun-os-cionn na h-eachdraidh a dh' fhàg iad
'nan tràillean aig ciùrairean cutach . . .

Ach bha craiteachan uaille air an cridhe,
ga chumail fallain . . .

Anns an dàn "Cotrìona Mhòr" tha e 'ga aideachadh fhéin 'nan
comain:

Tha do dhealbh ann an cùl m' inntinn
gun sgleò air,
daingeann . . .
an ìomhaigh tha cumail smachd air na h-ìomhaighean-bréige.

Tha MacThòmais a' sireadh a' cheangail a tha aige chan ann a
mhàin ris na daoine a tha 'na ionad àraich ach cuideachd ri

37

comharran faicsinneach an fhearainn fhéin. Tha e a' dèanamh
seo ann an cainnt bhlàth, bhàigheil a tha a' leigeil ris dhuinn, gu
mion, fhaireachaidhean dha taobh:

> Dh'fhairich mi thu le mo chasan
> ann an toiseach an t-samhraidh . . .
> Tha dòigh an leanaibh duilich a thréigsinn:
> e ga shuathadh fhéin ri mhàthair
> gus a faigh e fois.

Mar a thuirt sinn a roimhe, tha am bàrdachd MhicThòmais
mothachadh air bloigheadh fiosrachaidh, agus e fhéin air falbh
ás an àite do bheil uiread de ùidh aige:

> Cia fhaide thuit mi bhuat, a leannain m'òige?
> le do chuailean donn 's do shùilean dorcha . . .
> Mùirneag an toiseach Og-mhìos . . .
> is Loch nan Ruigheannan a' snìomh
> a ghàirdeanan mu mo chom.

Tha sealladh glàn aige air an t-suidheachadh, agus chan eil e
'ga leigeil fhéin aon chuid le claon-dhùil no le eudòchas. Le a
ghibht liriceach, agus a liut anbarrach air rannaigheachd, tha e
air pàirt de'n bhàrdachd as taitniche agus, gun àicheadh, de'n té
as cudthromaiche anns a' Ghàidhlig a thoirt ás. Tha e cuideachd
a mach air cuspairean eile mar gaol agus poiliticeachd — mar a
tha na dàin an seo a' sealltainn. Tha sùil nas miona, agus nas
cothromaiche air a feadh gu léir, air a thoirt air a' bhàrdachd aige
air fad ann an romh-radha an leabhair *The Far Road, Lines
Review, No. 39.*

'Sann mar bhàrd inbheil a' sgrìobhadh anns a' Bheurla as
trice bhios iomradh air Iain Mac a' Ghobhainn, 's dòcha. Ach
tha fìr dheagh bhàrdachd aige anns a' Ghàidhlig cuideachd, cuid

dhith cho math co-dhiù ris an té Bheurla. Tha a' bhàrdachd sin
ri faighinn, a' chuid mhòr dhith, an dà leabhar, *Bùrn is Aran*
(1960), anns a bheil sgialachdan goirid cuideachd, agus *Bìobuill
is Sanasan-Reice* (1965).

Tha Mac a' Ghobhainn a mach air iomadh cuspair 'na chuid
dhàn. Tha ùidh aige anns an dòigh anns a bheil an duine a'
gréimeachadh ri eòlas, an dòigh anns a bheil e a' cur eòlais fo
chomhair chàich, agus na h-arrasbacain a tha tighinn eadar e
agus tuigsinn agus eadar-riaradh. Anns a' cheud dàn a thagh
sinn an seo, "Nighean Og", 'se a' cheiste tha air cho dualtach 's a
tha e dhuinn brìgh rud a mhìneachadh a réir aicmidheachd
chumanta, a tha gun teagamh ri làimh, ach a dh'fhaodas e bhith
nach eil idir cothromach:

> Canaidh té rium, "Tha pròis 'na coiseachd":
> ach freagraidh mise mar as còir,
> "Eil pròis anns a' ghréin san adhar?
> Eil farmad eadar a' chlach 's an t-òr?"

'Se sin: tha an nighean mar a tha i, agus 'se sin an rud as
deatamaiche r'a aithneachadh. Chan eil a bhith ga h-aicmidh-
eadh "pròiseil" ach a' cuingealachadh ar tuigsinn.

Anns an dàn "Tha Thu air Aigeann m'Inntinn" tha e a'
bruidhinn air cho doirbh is a tha e rudan a thoirt gu mothachadh
is soilleireachd nuair a tha tìm agus saoghal air astar a chur eadar
e is iad, air dhòigh agus gum buin iad, a nise, do shaoghal nach
fhaigh am bàrd troimh uachdair. Anns "A' Chailleach" tha e a'
sealltuinn dhuinn té a tha a saoghal air stad. De bhrìgh 's gu
bheil gach nì agus gach eadarcheangal a tha ann air a dheimh-
neachadh, tha e dùinte, gun chomas athleasachaidh. Bha uair a
bha e "gun chruth":

> Gealach is grian anns an adhar,
> làmh mar bhradan a' leum ri làimh . . .

Ach chaidh gach nì a chur an òrdugh,
bòrd 'na àite, cathair 'na h-àite,
'se 'n rùm-sa sgàthan a cuid smaointean,
armachd ás nach tig ceòl fàsmhor.

Chan eil àite ann do athnuadhachadh.

Tha e aithnichte mar a tha an dàn sa an crochadh air samhlaichean air rian agus mìrian, caochladh agus neochaochladh. Tha e ag radh gu bheil an t-sràid ris a bheil am boireannach a' coimhead 'na "Bìobull"; 'se sin gu bheil aon chiall gun chaochladh aig gach nì a tha oirre, anns an staid anns a bheil am boireannach a nise. An aghaidh seo tha e a' cur "gealach is grian anns an adhar", mar shamhla air staidean cuairteil a tha a' lìonadh 's a tràghadh, agus "bradan a' leum", a tha mar shamhla air biorgaidhean aindeoineach na beatha. Tha "Aig a' Chladh" a' toirt eadhon barrachd feum á samhlaichean: tha e air a dheilbh gu ire bhig de shamhlaichean eugsamhail air an cur air réir a chéile mar:

dòrtadh fheur, is seasmhachd bheann . . .

Bìobull a' losgadh ann an làmhan
gaoithe 's gréine . . .

Is grian a' dòrtadh, cuan a' dòrtadh,
adan dubh' gu dorch a' seòladh . . .

Tha mothachadh aig Mac a' Ghobhainn cuideachd air mar a tha cultur a' searg agus a' sgaoileadh. Thug sinn an aire, a roimhe, mar a tha e a' sgrùdadh agus ag athmhìneachadh a' chuspair "tilleadh dhachaidh" anns an dàn "A' Dol Dhachaidh". Ann an "Dà Oran airson Céilidh Uir" tha e a rithist ag athmhìneachadh bun-bheachdan àraidh. Anns a' cheud fhear de na dàin sin a tha againn anns an leabhar sa 'sann am fògradh a chì sinn e an sàs. 'Se aon de na h-inneil a tha aige an seo gnàthfhacail chumanta, a bhuineas do bhàrdachd ghnàthasach nam fògarrach, a chleachdadh gu follaiseach ann an dàn, agus an athmhìneachadh air an dòigh sin; agus, aig an aon am, tha e a' sealltainn a' chomhcheangail a tha aig a smaointean fhéin ris an leithid sin de bheachdan. Their e:

> Cha b' fheudar dhòmhsa dhol a sheòladh
> gu "Astràilia a null" . . .

Cha b'e sin an seòrsa fògradh a bhean ris; ach chan eil a sheòrsa san ri àicheadh, an déidh sin:

> ach tha Hiroshima mun cuairt orm
> 's leabhar Phasternak 'na mo làimh . . .

Tha andaonnachd agus ainneart ann (cuspairean cumanta am bàrdachd nam fògarrach) agus cha dèan e a' chùis dhuinn, tuilleadh, sealladh ionraic, sìmplidh a bhith againn air an t-saoghal. Aig a' cheart am tha e ag radha ged a dh' atharraich Leódhas, aon uair 's gun dh'fhalbh e as, gu bheil e a dh' aindeoin sin, 'na mhàthair-bàrdachd dha, gun àicheadh: tha e air

> . . . obair mo chinn [a dhèanamh]
> mar bheart làn de cheòlraidh . . .

Tha an leithid sin de mhothachadh, agus de chomas air fhiosrachadh a chur am bàrdachd ghleusda, sho-labharach, comharraichte an obair Mhic a' Ghobhainn. Chan urrainn dhuinn an seo iomradh a thoirt ach air beagan de na cuspairean agus na beachdan a tha e toirt am follais. Anns an dàn "An t-Oban" tha e a' mìneachadh le chéile an dà chomhchuspair, "Bìobuill is Sanasan-Reice", a tha 'nan teideal air an leabhar, agus a tha 'nan aidheam air a bheil rannsachadh an leabhair air a stiùireadh. Anns "An Litir" tha e a mach air aon de na cuspairean feallsanach aig a bheil àite tha sìr-dhol am meud anns a' bhàrdachd Ghàidhlig a tha e a' dèanamh a nise.

Tha bàrdachd an sgrìobhaiche a' chuid mhór dhith, cruinn anns an leabhar *Seòbhrach ás a' Chlaich* (1967). Tha na dàin a tha anns an duanaire sa, ach an dàrna fear agus am fear bho dheireadh, anns an leabhar sin. Tha àireamh de chuspairean comhcheangailte ann. Tha ùidh, mar eiseamplair, air a chur anns an àite anns na dh'àraicheadh am bàrd: tha e air a sgrùdadh mar chomhdheilbh shóichealach le comharrachadh sònraichte, agus air coimhead ris mar mhàthair-fhiosrachaidh a tha bunaideach agus leanmhainneach. Tha e soilleir gur e a cheangal ris an àite aon de na rudan as spéiseil leis a' bhàrd 'na bheatha. Tha seo ri fhaicinn anns an dàn "Comharra Stiùiridh", mar a thubhairt sinn a cheana; agus tha e ri fhaicinn cuideachd gur e eadarcheangal a tha an seo a tha ag atharrachadh mar a tha am bàrd agus an t-àite ag atharrachadh:

> Ach chan eil a' cheiste cho sìmplidh
> do 'n allmharach an comhair na bliadhna . . .

agus:

> . . . na chaidh fodha annam fhìn dheth,
> 'na ghrianan 's cnoc eighre,
> tha e a' seòladh na mara anns am bi mi . . .

An déidh sin, chan eil àite eile ann a dhleasas a leithid de dhìlseachd na as an tig uiread de bheathachadh agus de dheachdadh cridhe. Tha an dàn "Leisgeul" a' cur seo an ceíll. Tha gach dìlseachd eile air chùl, oir

> . . . dh'fhiosraich mi Céitean
> 's an ceòl fosgailt
> 's uiseag anns na speuran.

A dh'aindeoin a' ghréim a tha aig an àite air, tha taobhan air a tha e a' cur gu làidir 'nan aghaidh. 'Se aon diubh sin an dòigh anns a bheil am pobal a' fiachainn ris an duine aonair a chumail fo smachd. Mar aon de na prìomh-mheadhanan air an smachd sa, a tha uaireannan a' mùchadh agus a' sgrios comas an duine, a stéidheachadh, tha an cràbhadh riaghailteach air a choireachadh. 'Sann chun an seo a tha na trì dàin "Soisgeul 1955", "Féin-fhìreantachd" agus "Amasra 1957" ag iarraidh. Tha a' cheud dàn aca sin a' sònrachadh nan roinnean eadardhealaichte a tha anns a' chràbhadh sin. Tha trì roinnean r'am faicinn: buaidh àrdachaidh agus coimhlionadh coimhthionalach na seinn, agus féin-choimhlionadh na h-ùrnaigh bheò, 'nan roinnean torach; agus air an làimh eile beart fhòirneartach an t-searmoin a tha riochdachadh teintean ifrinn — ach dìreach gun gabh e seasamh 'na aghaidh! Tha "Féin-fhìreantachd" a mach air tearbadh deasghnàthach a' ghabhail-a-steach, agus air mar a tha an t-saorsa air a h-athmhìneachadh:

> Chan iarr iad orm ach
> gal aithreachais peacaidh
> nach buin dhomh
> 's gu faigh mi saorsa
> fhuadan nach tuig mi . . .

'Sann mu dheidhinn cumhangas a tha "Amasra 1957", agus mu dhìth comas air féin-sgrùdadh mu choinneamh comhshamhail glé fhollaiseach. Air an làimh eile tha "Iain a-measg nan Reultan . . ." mu dheidhinn a' chomais gun chrìch a tha anns an leanabh, am "fuamhair a tha seo — a' streap ri dà bhliadhna a dh'aois", a tha cur suarach riaghailtean agus dhearbhaidhean deimhinnte, gus an saoghal athmhìneachadh agus athchruthachadh — an dearbh chomas a tha air a mhùchadh agus air a riaghladh á bith le taobh chumhang, dhùinte an àite.

Tha gach cuid "Latha Féille" agus "Frionas" a mach air a

bhith a' cur dhaoine ann an róilichean buan-chruthach, agus an call a tha seo a' dèanamh air duine agus pobal. An "Latha Féille", aon de ruith dhàn a dh'éirich á turas goirid do'n Tuirc, tha coimeas ri thuigsinn eadar an suidheachadh air a bheil iomradh anns an dàn agus ceàrnaidhean Gaidhealach an Innse Gall a tha a' fulang dìmeas de'n aon seòrsa — agus anns a bheil an aon taice gnàthais agus beatha bheò, tharraingeach air an cùl:

> . . . dannsa ceum-ghrinn
> aig casan loma . . .
> sùil bheò a' feitheamh . . .
> deud aoil mu theanga
> cheòlmhor . . .

Ann am "Frionas" 'se an duine a tha a' fulang bho bhith air a ghlasadh gu neo-iochdmhor ann an róil dìmeasach, ged a tha buaidh "ealain" agus "bàigh" air. Chan fhaigh e modh ach nuair a tha e marbh, agus an sin:

> ceannruisgte
> thog iad thu an àirde.

Tha an dà dhàn sin a' riochdachadh dhuinn snasachadh de sheòrsa a tha cumanta anns a' bhàrdachd. Tha na loinichean de fhad eadardhealaichte, agus tha a' bhàrdachd air a cur ri chéile le bhith a' sònrachadh fhacal deatamach, a' toirt àite air leth dhaibh anns a' phàtran chomhruitheach agus anns a' phàtran chomhfhuaimneach le comhardadh agus amas. Chan e riaghailt na rannaigheachd ghnàthasaich a tha oirre.

Tha na dàin "Do Phasternak, mar Eiseamplair" agus "Prìosan" a' beachdachadh air an ealain agus air an fhear-ealain. Tha a' cheud fhear a mach air cho beag taing, agus cho deatamach cuideachd, agus a tha obair an fhir-ealain, a' seasamh an aghaidh an fheadhainn a dh'itheadh ás bunaidean na

h-ealain — agus na beatha. Tha an dàn — rud a tha cumanta
anns a' bhàrdachd — a' riochdachadh dealbhachd a bhuineas do
thuath agus do dh'àiteach an fhearainn:

> Tha thu a' fasgnadh an aghaidh na gaoithe
> sìol brìghe á calg is nasg . . .
> tha thu a' deasachadh sìol cura . . .
> . . . chuir iad an sìol uile gu muilinn.

Tha an dàrna fear a' sealltainn dhuinn mar a tha am fear-ealain
air a chuingealachadh le eucomas fhéin, agus, aig an aon am, mar
a tha e a' faicinn samhail a' chinn-uidhe gu bheil e ag iarraidh
ann am "foirfeachd" smachd gun spàrn na faoileig air a saoghal
fhéin:

> an cridhe dol mu'n cuairt gu mion air,

> an inntinn ghionach
> a' sealg air gus a thuigsinn —

> 's mi a' strì ri uinneag
> fhosgladh,
> a' strì ri ruighinn air mo sheòlaid.

Obar-Dheadhan
Am Faoilteach 1974   Domhnall MacAmhlaigh

INTRODUCTION

Gaelic poetry of the present time is, basically, of two different kinds. One kind derives directly from the verse tradition of the past. It gives this tradition a contemporary dimension, but it is largely bounded by its limitations. The relationship of the other kind — commonly referred to as "modern poetry" — to the tradition is less direct, though the connexion is clear enough. It is affected to a considerable extent also by outside influences both literary and cultural. It differs from traditional poetry in content, attitude, and form. Of the differences that in content is probably, in the circumstances, the least remarkable.

It is with poetry of this second type that the present anthology is concerned. However, it would probably be best to begin by saying something briefly about Gaelic traditional poetry and its context; for this would provide some access to one side of modern verse which the non-Gaelic-reader might find difficult to understand. It is, I think, true to say that Gaelic traditional poetry was in the main one of celebration and participation. The poet produced an artefact which enabled his audience to participate in their culture; to act out culturally reinforcing roles. The poetry was largely oral-based; much of it was meant to be sung. In such circumstances innovation was not at a very high premium. The verse had to make an immediate impact, and skill in versification and verbal wit culminating in the well-wrought, memorable phrase was therefore the basic requirement. Naturally also in such a situation there was no place for the professional critic. There was no distinction, in the modern sense, between critics and audience, though, no doubt, there were leaders of taste. The measure of a poem's success was largely its acceptance by its audience. This alone ensured that it survived and was disseminated beyond its local place and time, at least until it was written down.

Of course this had certain straitening effects on the poetry and on the poet. The tradition was closely tied in with a particular form of

46

social structure. As this social structure disintegrated and was gradually eroded and replaced during the nineteenth and twentieth centuries, and as new life-styles were introduced at a time of rapidly increasing contact with the outside world, the poetry gradually became attenuated. This attenuation can be seen in many ways. The repertoire of the poets narrowed and became stereotyped. The intellectual content of the poetry diminished. An excessive parochialism developed, and with it a sentimentality and a lack of realism, especially in the poetry of the city-based exiles. This attenuation is also to be seen in the fabric of the poetry itself; in the decay of rhetorical power; in the lack of inventiveness and over-reliance on formulae; in the mixed metaphor; and in the replacement of rhythmic subtleness with dead regularities. There were, it is true to say, exceptions to this, and they form the link with the new poetry, looking at the matter from the traditional side. But they serve to highlight the general rule.

One dimension of modern verse is a reaction against this decay in culture and poetry. There had of course been traditional reactions to change. Those generally took forms such as looking at the past as a golden age in which objects and motives were unsullied, and the weather was good (heroes and milkmaids in a sunny pastoral landscape); suspicion of the new (comic poems about monster trains and esoteric indulgences like tea-drinking); and, probably the most telling of all, a rhetorical self-acclamation. The reaction in modern verse is very different. It looks at the process with a much colder eye and at the same time uses less generalised, more personal, more concrete, and more passionate language.

Most of this poetry has been written by people who have been transplanted out of their native communities into the ubiquitous outside world. Certainly this is true of the contributors to this anthology; they were all processed out in the course of their education, there being often no secondary school in their community, and certainly no university. Their move into the outside world and their contact with their contemporaries especially at their

47

universities has given them a broader vision of life and a greater experience of exotic literary tastes — a new context in which to see their community and its art. At the same time it has created in them a conviction that they have lost a great deal in exchange for what they have gained. They are strongly dependent emotionally on the communities which were the source of their formative experience and, of course, of their language but their outside experience has bred an intellectual independence. As Thomson clearly expresses it,

> *The heart tied to a tethering post . . .*
> *and the mind free.*
> *I bought its freedom dearly.*

They have become bi-cultural and it is this situation, a notoriously uneasy one, which creates the tension from which a great deal of their poetry derives.

The ambivalence the poet feels about his position is expressed in, for example, Smith's "Going Home".

> *Tomorrow I shall go home to my island . . .*
> *I will lift a fistful of its earth in my hands*
> *or I will sit on a hillock of the mind*
> *watching "the shepherd at his sheep".*
>
> *There will arise (I presume) a thrush.*
> *A dawn or two will break . . .*

We note that the hillock is of the mind; *the inverted commas around* "the shepherd at his sheep"; *the bracketed* (I presume); *the indefiniteness of a dawn or two; in short, the repeated qualifications of a traditional interpretation of home-coming.*

Thomson devotes the sequence of poems in his book The Far Road *to working out the relationship between himself and his native place. In his collection* Between Summer and Autumn *he arranges the first three sections of the book, namely "Island of Heather", "Highlands of Scotland" and "On the Horizon", in such a way as to state overtly what his focal point is and to state first its immediate and then its wider context. Here again ambivalence is a strong element. For instance, in the first poem, "Clouds", he deals with disjunction of experience and how it is seemingly healed by memory:*

> *Little Mùirneag across the loch,*
> *I thought I could touch it with an oar, . . .*
>
> *Bayble Hill here beside me,*
> *and Hòl crouching to the North . . . .*

And he ends up:

> *but I have strayed from them on my rope*
> *as far as love can go from hate.*

The writer in "Landmark" envisages his island also in terms of disjunction. As a result of many partings and visits, it divides up into those elements of its life that have been destroyed, those elements that he retains in himself and that are essential to his own life and the island as it has evolved into a different place.

In the Gaelic tradition there are many poems and songs about places. These appear also in the modern verse, though not in such a high proportion and certainly to a different purpose. However, it is interesting for us to consider such matters as the kind of loyalties that the poets in this anthology exhibit. There is local loyalty often expressed in poems about the poet's native place. There is also what we might call tribal loyalty, as in poems in which the poet's ancestors are named and located in a particular area, and this is used by the poet as a means of placing himself in the network of his people.

It would, I think, be wrong to regard this as simply worship of ancestor and of the home acre. I think it is true to say that most of the poems dealing with the topics that we have mentioned, in the modern idiom, are poems which explore problems of identity and location. That this should be a problem in Gaelic Scotland ought not to surprise us because one of its basic lacks is a central focus, a focus which would unify the members of different communities, and demonstrate to them the nature of their mutual co-inherence. This lack anyone intimately concerned with the place intuitively feels. The search for such a unifying focus has led to different solutions for different people. For MacLean, aware from traditional sources of the traumatic experiences of his people at the hands of exploiters and brought up on the heady dialectics of the 1930s, the answer was socialism. This provided him with an ideal goal, and with a political framework, which added a significant element of coherence to his early poetry and continues to inform his later work. For Hay and Thomson the answer has been rather different; it is expressed in terms of nationalism, Scotland being for them a meaningful political entity. It is, I think, interesting that neither Smith nor the writer, the youngest of the group, appears to be attracted to answers in terms of superstructures at all — at least in their poetry. They belong more to an age of diminishing faith in plans, in both their communities; their appeal seems to be to a more general concept of humanity, and they certainly seem to be exercised rather more by fear of the destructive power of organisations than by hope of their ability to contribute to the construction of the new Jerusalem.

It was said above that the new poetry differs from the traditional in content, attitude, and form. We have discussed some of the differences in attitude. We said that the differences in content are the least remarkable. Yet differences are evident there too. Probably the most important of these is the widening of scope to include any topic with which the poet is concerned: the fact that there is in this poetry no accepted repertoire of suitable subjects. MacLean, for instance, writes political poetry which recognises politics as a subject with a universal bearing; he writes poems which are sophisticated debates on the correlations of love and reason or philosophical discussions on the nature of time and awareness.

Hay introduces poetry about the horror of war and the implications of war for man individually and socially. Thomson is profoundly involved with the individual's relationship with his own history; Smith with psychological states and the individual's possibilities and limitations of communication; and the writer with man's propensities to build constructs which diminish life. None of these are exactly central concerns of Gaelic traditional poetry.

There are also some notable differences in form. Here the practice of the poets in the anthology differ considerably. Traditional poetry had an elaborate system of metres. As well as end-rhyme there was sophisticated use of systems of internal rhymes, assonances, and alliteration, and variation of line length and stanza length. It is a formidable inheritance, and the poets have found different aspects of it most congenial to their purposes. Hay, on the whole, prefers regularly rhyming stanzas of various lengths. It is interesting to note that he prefers not the popular metres of the nineteenth and twentieth centuries, but, rather, earlier metrical forms. In fact, in one instance he goes back to early Gaelic to resurrect a form trí rainn agus amhrán *(a sixteen-line sonnet-like metre) which never became popular in modern Gaelic at all. This is no doubt a reaction against the tendency in the later period for popular metrical types to take over and drown the sense of the poetry — a basic motive, I think, for metrical innovation in the modern period. In Hay there is a gradual change from a tighter to a less restrictive kind of scheme, and one feels that this change correlates with a growth of confidence in his own voice. His chief inventiveness, however, is not in the construction of new metrical types, but rather in revitalising traditional forms by such means as the creation of elaborate sound-patterns, especially in four-line stanzas. These patterns fit into the metrical scheme and add a quality of light, clear mellifluousness to it. A good example of this is the first poem in this collection, "Do Bheithe Bòidheach". It can also be said of Sorley MacLean that he works within traditional metrical frameworks. However, he adds a great deal to this framework, which revitalises and indeed often trans-*

forms it. *Often what he adds can, perhaps, best be described as a dramatic quality. Sounds are arranged and rhythms organised to achieve dramatic effect. This gives many of his poems a distinctively intense quality which is found in his love poetry and his political poetry alike.*

Iain Crichton Smith also very often uses regular length, rhyming lines based on the traditional model. But within this structure he uses variations of rhythm and subtle assonances to achieve his effects — many of them similar to those that he uses in his English poems. In some poems he operates outside the traditional model altogether, using lines of differing length and off-rhymes.

Though both Thomson and the writer use traditional metres in some of their verse, they do so much less than those others we have been speaking about. Probably their most effective form is the verse stanza with variety of line length and careful rhythmic build-up, often based on the movement of colloquial speech, where the important words are highlighted by this means and by other devices such as internal rhyme and assonance. It should be added that Thomson is a consummate craftsman and can handle a wide variety of verse forms both traditional and innovatory with immaculate flair.

It is rather more difficult to give a precise account of the external affiliations of the poets than it is to place them in relation to their native tradition. Certainly we can say that poetry in the English language and in Scots is, as one would expect, the major source; but having said that it is no easy matter to pinpoint any one obvious influence.

Scots and Gaelic poets have problems in common, and the fact of the Scottish Renaissance certainly gave an early impetus to poets writing in Gaelic. The early lyrics of Hugh MacDiarmid leave their mark on lyric practice. (One could hardly live in the same country as that mighty warrior without responding to him.) Also there are traces of Edwin Muir's poetic style, perhaps, to be seen in Iain Crichton Smith's work. But apart from that the evidence of direct borrowing is difficult to perceive. Personal contact with practising poets and awareness of literary movements and ideas have seemingly been more important than the actual poetry itself.

As far as poetry in English is concerned, different poets draw on different aspects of it — for accidental reasons connected with their education or for reasons of personal taste. MacLean, as we mention below, is influenced by the seventeenth-century metaphysical poets, whose work was fashionable in the world of English literary studies when he was a student in the University of Edinburgh, and whose intellectual presentation appealed to him. The verse of the Romantics has also left its mark. This is especially true of Thomson, who was no doubt attracted to their use of rural imagery.

Poets from the first half of the twentieth century have, of course, left their mark too. This is especially true of Yeats (with his Celtic interests). The influence of different phases of his verse can be seen at work on all the poets except perhaps Hay. Pound and Eliot have been absorbed also, as has the political poetry of the 1930s — though its "evangelical" note is to be found only in MacLean's verse. Of the work of more recent poets in English there is little evidence except in the verse of Iain Crichton Smith — who is of course one of them. (It is worth noticing that Smith has taken a considerable interest in American verse, especially that of William Carlos Williams and Robert Lowell.) Where there are similarities, such as in the use of vers libre, *they seem to be parallel developments.*

There is no doubt that the poetic movement which has had the greatest effect on modern Gaelic poetry is Symbolism. Although that is not in origin an English movement it has become known to Gaelic poets primarily — but not exclusively — through the medium of English verse. It can be safely said that all of the poets are aware of a wide range of twentieth-century and classic sources of European verse as well as, most of them, contemporary and classic texts in other Celtic languages. Hay, a gifted linguist, has translated verse from many of these sources.

We may now turn to look briefly at some part of the achievement of each of the poets we are dealing with, in turn. The earliest published of them, and certainly the most important in terms of influence is Sorley MacLean, whose Dàin do Eimhir *was issued in* 1943. *After the publication of this book Gaelic poetry could never be the same again. At the time it seemed astonishingly new, and to some extent this sense of innovation remains, but now one tends to see it rather as renovation and recreation, a breathing of new life into the ancient art of Gaelic poetry. In the future, perhaps, it will be seen as the vital and incomparable link between the old style and the new. A great many of the virtues of this poetry are traditional ones, such as eloquence, passion, and intellectual inventiveness. At the same time these are at the service of humane and political ideas. The Gaelic world was interpreted in a new light, and the way was opened up for new topics and new methods of presentation.*

Many of the poems in the book were written within a relatively short space of time in the late 1930s as the result of an intense — sometimes almost unbearably so — experience of love. At least that experience was the catalyst; it produced the pressure which forced into being a poetry of heightened awareness and fused together disparate elements in marvellous art. (It must be remembered that MacLean was a competent poet long before this.) He says in the first of his poems selected here:

> *But for you the Cuillin would be*
> *an exact and serrated blue rampart*
> *girdling with its march-wall*
> *all that is in my barbarous heart . . .*

— MacLean uses the Cuillin as a multifaceted symbol: here it appears to stand for his basic formative experiences gained from his Gaelic background —

> *but you imposed . . . an edict*
> *above my own pain . . .*

And

> *there blossomed the Tree of Strings,*
> *among its leafy branches your face . . .*

The experience permeates his being and confronts and sometimes conflicts with all other aspects of his life. It brings him intense joy and grief — and reinterprets them — on a personal basis, as we see in the poems "Dawn" and "When I Speak of the Face". Some of the conflicts it raises, e.g., that apparently between love and duty, he explores in, for example, "The Cry of Europe", where he questions:

> *Would white body and forehead's sun*
> *take from me the foul black treachery,*
> *spite of the bourgeois and poison of their creed*
> *and the feebleness of our dismal Scotland? . . .*
>
> *the Spanish miner leaping in the face of horror . . .?*

MacLean has been influenced by socialist theory and socialist programmes of the 1930s (as we see in "Never has Such Turmoil been Put", for example), and in the love-poem "The Choice" he blames himself for his lack of resolution to follow a difficult and exalted path in a single minded way:

> *I did not take a cross's death*
> *in the sore extremity of Spain,*
> *and how then should I expect*
> *the one new gift of fate?*

This poem also shows in its form one of the literary influences which has been of considerable importance to his poetic development, that of the seventeenth-century metaphysical poets. The device of dissociation which he uses to such effect has obvious affinities with them. Probably the most important stylistic influence on him was that of Symbolism. An understanding of the basic elements of this movement is essential to anyone who wishes to comprehend the complexity of MacLean's poetry. One often feels that his symbols have multiple reference minutely defined in the whole body of his work. One catches flashes and echoes of meaning which are often difficult to follow through and define in detail, but which nevertheless give illuminating insights and a sense of richness and of a whole fabric to his poetry. In this fabric, love and politics, history and love of country are so inextricably interwoven that sometimes we are not entirely sure which one is being referred to. The point, in fact, is that they are all being referred to simultaneously.

When we look at "Hallaig" and "The Woods of Raasay" we find poetry of a kind rather different from the love poems. "Hallaig" with its elegiac tone always seems to me to be a depiction of another world, or at any rate a transformation of this world, in which the normal rules are in abeyance. Certainly its affinities are with "vision poems". I also find it a profoundly pessimistic vision (probably because of the process within it of making animate things inanimate) in spite of the resolution of the conflict as time, which has destroyed Hallaig, is in turn rendered neutral by love. The resolution takes place in another world or state of the world, and there is no necessary transformation of the real world as a consequence.

By contrast, "The Woods of Raasay" starts off as a kaleidoscopic celebration of the variety and resourcefulness of the wood and ends up by profoundly questioning its symbolic coherence — perhaps even the coherence of symbolism itself — in the light of experience. These two poems and the later war poems as well as the poem "At Yeats's Grave" carry MacLean's unmistakable signature. He has retained beyond his most productive years a profound creative ability.

George Campbell Hay has produced two books of poetry as well as, more recently, contributing poems to various periodicals: Fuaran Sléibh *(1947) and* O na Ceithir Airdean *(1952). One of the most interesting facets of his work is his interest in natural scenery and his ability to express his involvement with it in verse. A* good example of this is *"To a Bonny Birch Tree"*. The structure of this poem is worth considering, for it reveals many of the characteristic features of his style and method. The first stanza consists almost entirely of visual imagery; the height and the placement and sense of surrounding space of the birch is established, and also its fresh greenness:

> A cloud drifting in the sky,
> leafage between it and my eye;
> fresh and green-crested are the tresses of the birch . . .

The second stanza is concerned with aural images. The birch is seen as an instrument of music on which the wind plays:

> . . . harp of the wind is your stringed top
> as the tendrils of the boughs make melody.

The third stanza is, like the first, directed to the eye, but this time the birch is seen as a happy *"fairy mound for the birds"* attracting them from every direction. The fourth stanza is directed again to the ear, this time with the carolling of *"the birds of summer"* with *"honey in their beak"*. The final stanza says that more pleasing than all this is quite simply to see the birch itself, *"gently nodding . . ., slim and fresh, with crest enlaced . . ."*

When we analyse the poem we see the care with which it is constructed. This care, however, is not at all obtrusive. The poem flows with a delightful movement, and it is articulated in the original with an elaborate pattern of sounds; the rhyme scheme is a b c b *and the end words of the non-rhyming lines* a *and* c *usually have an internal rhyme in the following line. Elegant use is made of assonance and alliteration to create a relaxed, melodious sound which expresses the point of the poem with complete harmony.*

The same command of his medium can be seen in *"The Towering Clouds"* and *"The Voyaging of the* Corrie*"; in those poems also the language is manipulated to create a mood which is perfectly attuned to the (very different) subjects.*

57

We see in Hay's work a progression from a basic preoccupation with the kind of verse which we have spoken about, and with verse which regards man in an ideal, somewhat academic manner, to a poetry which touches man's life much more closely. The change appears to have come about as a result of his experiences of the Second World War, especially in the Middle East. Hay has a strong sense of tradition and history, and the poem "Europe's Piteous Plight" states his sense of the disintegration and destruction of its "tranquil, aged beauty" and its diminution into "a promontory of Asia". He states this sense in scornful but elegant and detached couplets. When we compare this poem with "Bizerta", however, the detachment has gone. It is replaced by horror as he watches Bizerta on fire. The imagery of this poem is of great power. He sees the fire like an evil monster

> *beating with its wings*
> *and scattering and dimming the stars of that airt*

— as if its evil has power to interfere with the very structure of the universe (Wilfred Owen expresses a similar motion in, for example, "Futility"). He is also appalled by the fact that the fire, at a distance, "spreads in evil ghastly silence". This silence suggests to him perhaps that such things are tolerated because of "anonymity", and he demands

> *What is their name tonight,*
> *the poor streets where every window spews*
> *its flame . . .?*
> *And who tonight are beseeching*
> *Death to come quickly . . .*
> *crying in frenzy for help, and are not heard?*

Naming brings things and people close to home.
  His experience of the Middle East seems to have made a strong

impression on Hay. In "Atman," for example, he uses the figure of the peasant Atman to extol certain virtues and to align himself with them. Atman has thieved "in his need" and lied to get off, and has been "reviled and whipped" and jailed for it: but, nevertheless, with his experience of life and his fortitude and his openness to experience—

> Your eye would be raised from your work
> to draw pleasure from the shape of the world

— he is to be preferred to the judge who has lost the ability to be "a man" and "alive". And justice itself is "blear-eyed from scrutinising its account books"—Atman's basic crime is to be poor. Atman no doubt recalls to Hay crofters in his own homeland under similar pressures. Certainly his virtues are similar to those he ascribes to the archetypal fisherman in another of his poems.

Hay displays love of his native place in poems such as "Kintyre" (Fuaran Sléibh, p. 15) but it is in nationalistic poems that his feelings for country are best expressed. These are of different kinds. "The Four Winds of Scotland" is, for example, a celebratory poem which aims at achieving a harmony uniting disparate elements. "The Duty of the Heights" is an exhortatory poem:

> Youth of my country . . .
> Let your step be on the summit . . .
> lest destruction come on us as a landslide.

"Meftah Bâbkum es-Sabar" — a line from an Arabic poem which means "patience the key to our door" — rejects the implications of the title.

> Wisdom like the slow bells of evening,
> not for us is your like!
> For a choice apart has been written for us:
> peace and death, or struggling and life.

It goes on to spell out the conviction that the future of "our land" (by which he means Scotland) requires struggle, adventurous courage, intellectual toughness and emotional honesty of its intelligentsia. It is a conviction that can bear many repetitions.

One of the constant themes of Derick Thomson's poetry to be found in all three of his publications An Dealbh Briste *(1951),* Eadar Samhradh is Foghar *(1967) and* An Rathad Cian *(1970) is an exploration of his native place and of his relationship with it.* An Rathad Cian *is, in fact, a sequence of poems working out this theme in detail, and as we have said above, the first three sections of* Eadar Samhradh is Foghar *deal with the same topic. This exploration takes different forms. In a poem like "A Geo in the Sun's Shelter" the poet looks at the way in which people create for themselves a means of surviving crises like those which have overtaken Gaelic culture:*

> *. . . a geo in the sun's shelter, its pebbles unstained, where the white years of the moon might pass beyond it . . .*

> *Often . . . did they make a bay that longing and hurting could by-pass.*

And then he comments on the finally impoverishing nature of all such stratagems.

He looks at the problem in its historical perspective in such poems as the very fine, perceptive "Strathnaver", which pinpoints the false premises in the philosophy that justified the Clearances in the name of improvement. This he does by erecting parallel absurdities:

> *. . . that year we thatched the house with snowflakes.*

> *And that too was the year*
> *they hauled the old woman out on to the dung-heap,*
> *to demonstrate how knowledgeable they were in Scripture . . .*

One of the themes that Thomson deals with is that of change in the community. He comments memorably on some of the agents of change, for example in "The Scarecrow":

> That night
> the scarecrow came into the ceilidh-house . . .
> A woman was sitting on a stool,
> singing songs, and he took the goodness out of the music . . .
> But . . .
> he gave us a new song . . .
> and fragments of the philosophy of Geneva . . .

But people can survive such changes, as he shows in the poem "Although Calvin Came". He is interested in the conditions of people's lives, and responds to their dignity in the face of exploitation and poverty. Of "The Herring Girls" he says:

> The topsy-turvy of history had made them
> slaves to short-arsed curers . . . .
>
> But there was a sprinkling of pride on their hearts
> keeping them sound . . . .

In the poem "Cotrìona Mhór" he acknowledges his debt:

> Your picture is at the back of my mind
> undimmed,
> steady . . .
> the image that keeps control over false images.

Thomson explores his relationship to his native place, not only with reference to people, but also in terms of the physical attributes of the place itself. This he does in warm, sensuous language which makes us intimately aware of his feelings for it:

I got the feel of you with my feet
in early summer . . .
The child's way is difficult to forget:
he rubs himself against his mother
till he finds peace.

As already said, in Thomson's poetry there is a strong sense of
disjunction of experience as a result of his physical absence from a
place which clearly means so much to him:

How far have I fallen from you, sweetheart of my youth:
with your brown hair and your dark eyes . . .
Mùirneag in early June . . .
and Loch nan Ruigheannan with its arms
clasped round me.

He regards the situation in a clear-eyed way, giving himself up to
neither nostalgic optimism nor despair, and with his lyrical gift and
consummate craftsmanship he has made out of it some of the most
attractive and, undeniably, some of the most important poetry in
the Gaelic language. Of course, he explores other themes, such as
love and politics, too, as the poems here show. For a more thorough
and balanced study of the body of his verse the reader may look at
the introduction to The Far Road, *in* Lines Review, *No.* 39.

Iain Crichton Smith is best known as a poet of considerable
stature in modern English. In Gaelic also he writes poetry of a high
order — some of it equal to any that he has produced in English.
These poems are to be found in two publications, basically, Bùrn is
Aran *(1960), a volume of poems and short stories, and* Biobuill is
Sanasan-Reice *(1965).*

Smith is concerned with many themes in his poetry. He is
concerned, for example, with problems of knowing, and the pre-
sentation of knowledge, and with obstacles that interfere with
comprehension and communication. In the first poem of his selected

here, "Young Girl", he is concerned to question our readiness to interpret phenomena in terms of ready-made categories which are handy but might not at all be appropriate:

> *A woman will say to me, "There is pride in her walk",*
> *but I will answer properly,*
> *"Is there pride in the sun in the sky?*
> *Is there jealousy between stone and gold?"*

In other words, the girl is simply herself, and that is the important thing. Categorising her as "proud" simply diminishes our understanding.

In "You are at the Bottom of my Mind" he comments on the problem of bringing something into consciousness and focus when it is separated by time and events and has come to be part of a different world that the poet cannot get beyond its surface. In "The Old Woman" he is concerned with someone whose world has atrophied. As a result of every object and every relationship being defined, it is no longer open-ended. Once it had been "without shape":

> *Moon and sun in the sky,*
> *hand like a salmon leaping to hand . . .*
>
> *And everything was put in order,*
> *table in its place, chair in its place,*
> *this room is the mirror of her thoughts,*
> *armoury from which no growing music will come . . .*

There is no possibility of regeneration.

This poem owes most of its effect to the deployment of symbols of order and disorder, of mutability and immutability. He says that the street the old woman gazes at is like a "Bible"; that is to say, everything in it has, in her present condition, a fixed static meaning. This conflicts with "moon and sun in the sky" which represents

cyclic states of changing ebb and flow, and the "salmon leaping",
which represents the involuntary, convulsive responses of life. "At
the Cemetery" makes even more use of the same symbols; it is built
up, to a large extent, by the juxtaposition of contrastive images such
as

> pouring of grass, steadiness of mountains . . .
>
> a Bible burning in the hands
> of wind and sun . . .
>
> Sun pouring, sea pouring,
> black hats darkly sailing . . .

Smith is also interested in the problems of cultural attenuation and
fragmentation. We have mentioned about how the theme of home-
coming is examined and qualified by him in the poem "Going
Home". In "Two Songs for a New Ceilidh" he again redefines
the meaning of some basic concepts. If we take the first of these
poems quoted in this book we find him dealing with the idea of exile.
One of the devices that he uses to do this is to implant common
formulaic phrases from traditional exile verse into his poem and
redefine them in that way and also to clarify his own relationship
with such notions:

> It was not necessary for me to sail
> away off to far Australia . . .

he says; that is not the nature of his exile. But it is real enough,
nevertheless.

> Our Hiroshima is round about me
> and Pasternak's book in my hand . . .

Inhumanity and tyranny (typical motifs in exile poetry) exist, and
so no innocent or idyllic approach to life is possible. At the same

time he says that although Lewis changes once he has left it, nevertheless, it remains crucial to him as a poet; it has

> *. . . made the work of my head*
> *like a loom full of . . . music . . .*

This kind of awareness and the ability to deal with his experience in sophisticated and eloquent verse is typical of Smith's work. We can mention here only a very few of the ideas and themes which he handles. In "Oban" he works out together the twin themes of "Bibles and Advertisements" which give the title to his book and its basic line of exploration. In "The Letter" he deals with one of the philosophical themes which have come to be more and more central to his later Gaelic work.

The writer's poems are collected in the volume Seòbhrach ás a' Chlaich *(1967). All the poems selected for this anthology except the second and the last are to be found there. There are several interrelating themes in the collection. There is an interest, for example, in different aspects of the poet's home community, both as a social structure with particular defining characteristics, and as a primary, formative, and continuing source of experience. Interaction with this community is clearly one of the most important aspects of the poet's life. This is made evident in the poem "Landmark" which we mentioned above, as is also the fact that the relationship is an evolving one that changes as the poet and the place change. This makes identification with the place complex:*

> *But the matter is not so simple*
> *to the one who's a yearly pilgrim . . .*

and:

> *. . . the part that submerged in me of it,*
> *sun-bower and iceberg,*
> *sails the ocean I travel . . .*

Nevertheless, no other place can command the same allegiance or provide the same source of essential nourishment and inspiration. The poem "Excuse" makes this point. Essentially it says that other allegiances are rejected because

> *. . . I have known a May-time*
> *with music unbounded*
> *and a lark singing in the heavens.*

In spite of this involvement there are aspects of the place that are strongly criticised. One of these especially is the way in which the community seeks to control the individual. As one of the primary agents of this control, which at times can be repressive and destructive to the individual's human potential, organised religion is criticised. The three poems "Gospel 1955", "Selfrighteousness", and "Amasra 1957" are on this topic. The first of these sorts out the different elements in this religion. There are the celebratory, sublimating communal force of the singing, and the self-fulfilling celebration of extemporary prayer as the positive elements; these are contrasted with the terrorising tactics of the hellfire sermon — and its resistability! "Selfrighteousness" deals with the automatic processing of the initiation rituals and the redefinition of freedom:

> *They ask of me only*
> *to weep repentance for a sin*
> *that does not concern me*
> *and I shall get in return an alien*
> *freedom I don't understand.*

"Amasra 1957" is concerned with intolerance; and the lack of capacity for self-criticism when presented with a parallel system which is structurally very similar. On the other hand, "Iain in Space" is about the infinite potential of the child, the "giant striving to be two years old" with his irreverence for rules and

accepted definitions, to re-interpret and recreate the world —
precisely that potential which is stifled and defined out by the
negative aspects of the community.

Both "Holiday" and "A Delicate Balance" are concerned with
the assigning of fixed roles and the damage this does to the community
and the individual. In "Holiday", one of a series of poems deriving
from a short stay in Turkey, there is an implicit comparison with the
Gaelic communities of the Hebrides which suffer much the same kinds
of indignity — and have the same traditional resources and strong
attractive quality of life underlying them:

> a neat-stepping dance
> of bare feet . . .
>
> a living eye waiting . . .
> teeth white as lime about
> a tuneful tongue . . .

In "A Delicate Balance" it is the individual who suffers from being
stereotyped, callously, in an inferior role, in spite of being imbued
with "art and tenderness". The only respect he gets is when he is
dead, and then

> bareheaded
> they raised you on high . . .

These two poems in the original show us a typical stylistic
approach. The verse lines are irregular in length; the structure
of the poem proceeds by the highlighting of important words by their
placement in the rhythmic structure and by their involvement in a
crucial way in the sound pattern by means of various degrees of
rhyming and assonantal echoes, rather than in terms of traditional
metres.

"For Pasternak, for Example" and "Prison" are both concerned
with art and the artist. The former comments on the thanklessness

and the importance of the artist's work in the face of those who would dissipate artistic resources — and resources of life. The poem, typically, uses rural and agricultural imagery to achieve its point:

> You winnow in a contrary wind
> living seed out of beard and chaff . . .
> you prepare seed for planting . . .
> . . . that they consign all seed for milling.

The latter shows the artist curtailed by his own limitations and at the same time recognising the goal he is striving for in the "perfection" he sees in the bird's effortless control of its element:

> the heart encircling it minutely,
>
> the greedy mind
> stalking it in order to understand it,
>
> as I strove to get a window
> open
> strove to make contact with my element.

Aberdeen
January 1974   DONALD MACAULAY

Sorley MacLean

THE BLUE RAMPART

But for you the Cuillin would be
an exact and serrated blue rampart
girdling with its march-wall
all that is in my barbarous heart.

But for you the sand
that is in Talisker compact and white
would be a measureless plain to my expectations,
and on it the spear desire would not turn back.

But for you the oceans
in their unrest and their repose
would raise the wave crest of my mind
and settle it on a high serenity.

And the brown brindled moorland
and my reason would co-extend,
but you imposed on them an edict
above my own pain.

And on a distant luxuriant summit
there blossomed the Tree of Strings,
among its leafy branches your face,
my reason and the likeness of a star.

Somhairle
MacGill-Eain

AM MUR GORM

Mur b'e thusa bhiodh an Cuilithionn
'na mhùr eagarra gorm
ag crioslachadh le bhalla-crìche
na tha 'nam chridhe borb.

Mur b'e thusa bhiodh a' ghaineamh
tha 'n Talasgar dùmhail geal
'na clàr biothbhuan do mo dhùilean,
air nach tilleadh an rùn-ghath.

'S mur b'e thusa bhiodh na cuantan
'nan luasgan is 'nan tàmh
a' togail càir mo bhuadhan,
'ga cur air suaimhneas àrd.

'S bhiodh am monadh donn riabhach
agus mo chiall co-shìnt',
ach chuir thusa orra riaghladh
os cionn mo phianaidh fhìn.

Agus air creachainn chéin fhàsmhoir
chinn blàthmhor Craobh nan Teud,
'na meangach duillich t' aodann,
mo chiall is aogas réil.

DAWN

You were dawn on the Cuillin
and benign day on the Clarach,
the sun on his elbow in the golden stream
and the white rose that breaks the horizon.

Glitter of sails on a sunlit firth,
blue of the ocean and aureate sky,
the young morning in your head of hair
and in your clear lovely cheeks.

My jewel of dawn and night
your face and dear kindness,
though the grey barb of misfortune is
thrust through the breast of my young morning.

WHEN I SPEAK OF THE FACE

When I speak of the face
and of the pure spirit of my pure love,
one might say that my blind eyes
had not lighted on the morass
or on the ugly and frightful marsh
where every hope is being drowned;
but I have seen from the height of the Cuillin
darting glory and the weakness of sorrow;
I have seen the gilding light of the sun
and the black rotting fen;
I know the sharp bitterness of the spirit
better than the swift joy of the heart.

CAMHANAICH

Bu tu camhanaich air a' Chuilithionn
's latha suilbhir air a' Chlàraich,
grian air a h-uilinn anns an òr-shruth
agus ròs geal bristeadh fàire.

Lainnir sheòl air linne ghrianaich,
gorm a' chuain is iarmailt àr-bhuidh,
an òg-mhaduinn 'na do chuailean
's 'na do ghruaidhean soilleir àlainn.

Mo leug camhanaich is oidhche
t' aodann is do choibhneas gràdhach
ged tha bior glas an dòlais
troimh chliabh m' òg-mhaidne sàthte.

AN UAIR A LABHRAS MI MU AODANN

An uair a labhras mi mu aodann
agus mu spiorad geal mo ghaoil ghil
's ann a theireadh neach nach d'ràinig
mo shùilean dalla air a' chàthar,
air a' bhoglaich oillteil ghrànda
's am bheil gach dòchas 'ga bhàthadh;
ach chunnaic mi bho àird a' Chuilithinn
gathadh glòir is breòiteachd duilghe;
chunnaic mi òradh lainnir gréine
agus boglach dhubh na bréine;
's eòl dhomh seirbheachd gheur an spioraid
na's fheàrr na aoibhneas luath a' chridhe.

73

NEVER HAS SUCH TURMOIL BEEN PUT

Never has such turmoil been put
nor vehement trouble in my flesh
by Christ's suffering on the earth
or by the millions of the sky.

And I took no such heed of a vapid dream —
green wood of the land of story —
as when my stubborn heart leaped to the glint
of her smile and golden head.

And her beauty cast a film
over poverty and a bitter wound
and over the world of Lenin's intellect,
over his patience and his anger.

THE CRY OF EUROPE

Girl of the yellow, heavy-yellow, gold-yellow hair,
the song of your mouth and Europe's shivering cry,
fair, heavy-haired, spirited, beautiful girl,
the disgrace of our day would not be bitter in your kiss.

Would your song and splendid beauty
take from me the dead loathesomeness of these ways,
the brute and the brigand at the head of Europe
and your mouth proud and red with the old song?

Would white body and forehead's sun
take from me the foul black treachery,
spite of the bourgeois and poison of their creed
and the feebleness of our dismal Scotland?

CHA DO CHUIR DE BHUAIREADH RIAMH

Cha do chuir de bhuaireadh riamh
no thrioblaid dhian 'nam chré
allaban Chrìosda air an talamh
no muillionan nan speur.

'S cha d'ghabh mi suim de aisling bhaoith —
coille uaine tìr an sgeòil —
mar leum mo chridhe rag ri tuar
a gàire 's cuailein òir.

Agus chuir a h-àilleachd sgleò
air bochdainn 's air creuchd sheirbh
agus air saoghal tuigse Leninn,
air fhoighidinn 's air fheirg.

GAOIR NA H-EORPA

A nighean a' chùil bhuidhe, throm-bhuidh, òr-bhuidh,
fonn do bheòil-sa 's gaoir na h-Eòrpa,
a nighean gheal chasurlach aighearach bhòidheach,
cha bhiodh masladh ar latha-ne searbh 'nad phòig-sa.

An tugadh t' fhonn no t' àilleachd ghlòrmhor
bhuamsa gràinealachd mharbh nan dòigh seo,
a' bhrùid 's am meàirleach air ceann na h-Eòrpa
's do bhial-sa uaill-dhearg 's an t-seann òran?

An tugadh corp geal is clàr gréine
bhuamsa cealgaireachd dhubh na bréine,
nimh bhùirdeasach is puinnsean créide
is diblidheachd ar n-Albann éitigh?

75

*Would beauty and serene music put
from me the sore frailty of this lasting cause,
the Spanish miner leaping in the face of horror
and his great spirit going down untroubled?*

*What would the kiss of your proud mouth be
to each drop of the precious blood
that fell on the frozen uplands
of Spanish mountains from a column of steel?*

*What every curl of your gold-yellow head
to all the poverty, anguish and grief
that will come and have come on Europe's people
from the Slave Ship to the slavery of the masses?*

THE CHOICE

*I walked with my reason
out beside the sea:
we were together but it kept
a little distance from me.*

*Then it turned saying:
Is it true you heard
that your fair beautiful love
is marrying early on Monday?*

*I checked the heart that rose
in my torn, swift breast
and said: Most likely;
why should I lie?*

An cuireadh bòidhchead is ceòl suaimhneach
bhuamsa breòiteachd an aobhair bhuain seo,
am mèinear Spàinnteach a' leum ri cruadal
is 'anam mórail dol sìos gun bhruaillean?

Dè bhiodh pòg do bheòil uaibhrich
mar ris gach braon de 'n fhuil luachmhoir
a thuit air raointean reòta fuara
nam beann Spàinnteach bho fhòirne cruadhach?

Dè gach cuach dhe d' chuail òr-bhuidh
ris gach bochdainn, àmhghar 's dòrainn
a thig 's a thàinig air sluagh na h-Eòrpa
bho Long nan Daoine gu daors' a' mhór-shluaigh?

AN ROGHAINN

Choisich mi cuide ri mo thuigse
a-muigh ri taobh a' chuain:
bha sinn còmhla ach bha ise
a' fuireach tiotan bhuam.

An sin thionndaidh i ag ràdha:
A bheil e fìor gun cual
thu gu bheil do ghaol geal àlainn
a' pòsadh tràth Di-luain?

Bhac mi 'n cridhe bha 'g éirigh
'nam bhroilleach reubte luath
is thubhairt mi: Tha mi cinnteach;
carson bu bhriag e bhuam?

How should I think I would seize
the radiant golden star,
that I could catch it and put it
prudently in my pocket.

I did not take a cross's death
in the sore extremity of Spain,
and how then should I expect
the one new gift of fate?

I followed only a way that was small,
mean, low, dry, and lukewarm:
and how then should I meet
the thunderbolt of love?

But had I the choice again,
and stood on that headland,
I should leap from heaven or hell
with a whole spirit and heart.

DOGS AND WOLVES

Across eternity, across its snow,
I see my unwritten poems:
I see the spoor of their paws dappling
the august whiteness of the snow:
bristles raging, bloody-tongued,
lean greyhounds and wolves,
leaping over the dykes,
running under the shade of the trees of the wilderness,
taking the narrow defile of glens,
making for the steepness of windy mountains;

Ciamar a smaoinichinn gun glacainn
an rionnag leugach òir,
gun beirinn oirre 's cuirinn i
gu ciallach 'na mo phòc.

Cha d' ghabh mise bàs croinn-ceusaidh
ann an éiginn chruaidh na Spàinn,
is ciamar sin bhiodh dùil agam
ri aon duais ùir an dàin?

Cha do lean mi ach an t-slighe chrìon
bheag ìosal thioram thlàth
is ciamar sin a choinnichinn
ri beithir-theine ghràidh?

Ach nan robh 'n roghainn rithist dhomh
's mi 'm sheasamh air an àird,
leumainn á nèamh no iutharna
le spiorad 's cridhe slàn.

COIN IS MADAIDHEAN-ALLAIDH

Thar na sìorruidheachd, thar a sneachda,
chì mi mo dhàin neo-dheachdte:
chì mi lorgan an spòg a' breacadh
gile shuaimhneach an t-sneachda:
calg air bhoile, teanga fala,
gadhair chaola 's madaidhean-allaidh,
a' leum thar mullaichean nan gàradh,
a' ruith fo sgàil nan craobhan fàsail,
ag gabhail cumhang nan caol-ghleann,
a' sireadh caisead nan gaoth-bheann;

79

their baying yell shrieking
across the hard barenesses of the terrible times,
their everlasting barking in my ears,
their hot onrush seizing my mind;
career of wolves and eerie dogs
swift in pursuit of the quarry,
through the forests without veering,
over the mountain tops without sheering;
the mild mad dogs of my poetry,
wolves in chase of loveliness,
loveliness of soul and face,
a white deer over hills and plains,
the deer of your gentle beloved beauty,
a hunt without halt, without respite.

THE HERON

A pale yellow moon on the skyline,
the heart of the soil without a throb of laughter,
a chilliness contemptuous
of golden windows in a snaky sea.

It is not the frail beauty of the moon
nor the cold loveliness of the sea
nor the empty tale of the shore's uproar
that seeps through my spirit to-night.

Faintness in strife,
the chill of Death in essence,
cowardice in the heart,
and belief in nothing.

an langan gallanach a' sianail
thar loman cruaidhe nan àm cianail,
an comhartaich bhiothbhuan na mo chluasan,
an deann-ruith ag gabhail mo bhuadhan;
réis nam madadh 's nan con iargalt
luath air tòrachd an fhiadhaich,
troimh na coilltean gun fhiaradh,
thar mullaichean nam beann gun shiaradh;
coin chiùine cuthaich mo bhàrdachd,
madaidhean air tòir na h-àilleachd,
àilleachd an anama 's an aodainn,
fiadh geal thar bheann is raointean,
fiadh do bhòidhche ciùine gaolaich,
fiadhach gun sgur, gun fhaochadh.

A' CHORRA-GHRITHEACH

Gealach fhann bhuidhe air fàire,
cridhe 'n fhuinn gun phlosgadh gàire,
aognuidheachd a' deanamh tàire
air uinneagan òir an cuan snàgach.

Cha ghrinneas anfhann na gealaich
no maise fhuaraidh na mara
no baoth sgeulachd onfhaidh a' chladaich
tha nochd a' drùdhadh air m' aigne.

Anfhannachd an strì,
aognuidheachd am brìgh,
gealtachd anns a' chrìdh,
gun chreideamh an aon nì.

A heron came with drooping head
and stood on top of sea-wrack,
she folded her wings close in to her sides
and took stock of all around her.

Alone beside the sea,
like a mind alone in the universe,
her reason like man's —
the sum of it how to get a meal.

A restless mind seeking,
a more restless flesh returned,
unrest and sleep without a gleam;
music, delirium, and an hour of rapture.

The hour of rapture is the clear hour
that comes from the darkened blind brain,
horizon-breaking to the sight,
a smile of fair weather in the illusion.

On the bare stones of the shore,
observing the slipperiness of a calm sea,
listening to the sea's swallowing
and brine rubbing on the stones.

Alone in the vastness of the universe,
though her inaccessible kin are many,
and bursting on her from the gloom
the onset of the bright blue god.

I am with you but alone,
looking at the coldness of the level kyle,
listening to the surge on a stony shore
breaking on the bare flagstones of the world.

Thàinig corra-ghritheach ghiùigeach,
sheas i air uachdar tiùrra,
phaisg i a sgiathan dlùth rith,
a' beachdachadh air gach taobh dhith.

'Na h-aonar ri taobh na tuinne
mar thuigse leatha fhéin 's a' chruinne,
a ciall-se mar chéill an duine —
cothachadh lòin meud a suime.

Inntinn luasganach a' sireadh,
feòil as luanaiche air tilleadh,
luasgan is cadal gun drithleann,
ceol is bruaillean is tràth mire.

Tràth na mire an tràth shoilleir
thig as eanchainn chiar na doille,
bristeadh fàire air an t-sealladh,
faite dìoclaidh anns a' mhealladh.

'S i air clachan loma tràghad
ag amharc sleamhnachd cuain neo-bhàrcaich,
ag éisdeachd ris an t-slugadh-mhara
is sàl a' suathadh air na clachan.

Leatha fhéin am meud na cruinne
ge mór a cleamhnas do-ruighinn,
's a' bristeadh oirre as an doilleir
sitheadh an dé ghuirm shoilleir.

Mise mar riut 's mi 'nam ònar
ag amharc fuachd na linne còmhnaird,
ag cluinntinn onfhaidh air faoilinn
bristeadh air leacan loma 'n t-saoghail.

What is my thought more than the heron's:
the beauty of moon and restless sea,
food and sleep and dream,
brain, flesh, and temptation?

Her dream of rapture with one thrust
coming in its season without stint,
without sorrow, without doubt, but one delight,
the straight unbending law of herons.

My dream exercised with sorrow,
broken, awry, with the glitter of temptation,
wounded, with one sparkle, churlish;
brain, heart, and love troubled.

HALLAIG

"Time, the deer, is in the Wood of Hallaig."

The window is nailed and boarded
through which I saw the West
and my love is at the Burn of Hallaig
a birch tree, and she has always been

between Inver and Milk Hollow,
here and there about Baile-chuirn:
she is a birch, a hazel,
a straight slender young rowan.

In Screapadal of my people,
where Norman and Big Hector were,
their daughters and their sons are a wood
going up beside the stream.

Ciod mo smuain-sa thar a smuain-se:
àilleachd gealaich is cuain luainich,
biadh is cadal agus bruadar,
eanchainn, feòil agus buaireadh?

A h-aisling mhire le aon shitheadh
tighinn 'na h-aimsir gun chrìonnachd,
gun bhròn, gun teagamh, ach aon mhireadh,
lagh dìreach neo-cham corra-grithich.

M' aisling-sa air iomairt truaighe,
briste, cam, le lainnir buairidh,
ciùrrte, aon-drithleannach, neo-shuairce,
eanchainn, cridhe, 's gaol neo-shuaimhneach.

HALLAIG

"Tha tìm, am fiadh, an Coille Hallaig."

Tha bùird is tàirnean air an uinneig
troimh 'm faca mi an Aird an Iar
's tha mo ghaol aig Allt Hallaig
'na craoibh bheithe, 's bha i riamh

eadar an t-Inbhir 's Poll a' Bhainne,
thall 's a bhos mu Bhaile-Chùirn:
tha i 'na beithe, 'na calltuinn,
'na caorunn dhìreach sheang ùir.

Ann an Screapadal mo chinnidh,
far robh Tarmad 's Eachunn Mór,
tha 'n nigheanan 's am mic 'nan coille
ag gabhail suas ri taobh an lóin.

Proud tonight the pine cocks
crowing on the top of Cnoc an Ra,
straight their backs in the moonlight —
they are not the wood I love.

I will wait for the birch wood
until it comes up by the Cairn,
until the whole ridge from Beinn na Lice
will be under its shade.

If it does not, I will go down to Hallaig,
to the sabbath of the dead,
where the people are frequenting,
every single generation gone.

They are still in Hallaig,
MacLeans and MacLeods,
all who were there in the time of Mac Gille Chaluim:
the dead have been seen alive —

the men lying on the green
at the end of every house that was,
the girls a wood of birches,
straight their backs, bent their heads.

Between the Leac and Fearns
the road is under mild moss
and the girls in silent bands
go to Clachan as in the beginning.

And return from Clachan,
from Suisnish and the land of the living;
each one young and light-stepping,
without the heartbreak of the tale.

Uaibhreach a nochd na coilich ghiuthais
ag gairm air mullach Cnoc an Rà,
dìreach an druim ris a' ghealaich —
chan iadsan coille mo ghràidh.

Fuirichidh mi ris a' bheithe
gus an tig i mach an Càrn,
gus am bi am bearradh uile
o Bheinn na Lice f' a sgàil.

Mura tig 's ann theàrnas mi a Hallaig
a dh' ionnsaigh sàbaid nam marbh,
far a bheil an sluagh a' tathaich,
gach aon ghinealach a dh' fhalbh.

Tha iad fhathast ann a Hallaig,
Clann Ghill-Eain 's Clann MhicLeòid,
na bh' ann ri linn Mhic Ghille-Chaluim:
chunnacas na mairbh beò —

na fir 'nan laighe air an lianaig
aig ceann gach taighe a bh' ann,
na h-igheanan 'nan coille bheithe,
dìreach an druim, crom an ceann.

Eadar an Leac is na Feàrnaibh
tha 'n rathad mór fo chòinnich chiùin,
's na h-igheanan 'nam badan sàmhach
a' dol a Chlachan mar o thùs.

Agus a' tilleadh as a' Chlachan,
à Suidhisnis 's á tìr nam beò;
a chuile té òg uallach
gun bhristeadh cridhe an sgeòil.

From the Burn of Fearns to the raised beach
that is clear in the mystery of the hills,
there is only the congregation of the girls
keeping up the endless walk,

coming back to Hallaig in the evening,
in the dumb living twilight,
filling the steep slopes,
their laughter in my ears a mist,

and their beauty a film on my heart
before the dimness comes on the kyles,
and when the sun goes down behind Dun Cana
a vehement bullet will come from the gun of Love;

and will strike the deer that goes dizzily,
sniffing at the grass-grown ruined homes;
his eye will freeze in the wood;
his blood will not be traced while I live.

THE WOODS OF RAASAY

Straight trunks of the pine
on the flexed hill-slope;
green heraldic helmets,
green unpressed sea:
strong, light, wind-headed,
untoiling, unseeking,
the giddy great wood,
russet, green, two plaitings.

O Allt na Feàrnaibh gus an fhaoilinn
tha soilleir an dìomhaireachd nam beann
chan eil ach coimhthional nan nighean
ag cumail na coiseachd gun cheann,

a' tilleadh a Hallaig anns an fheasgar,
anns a' chamhanaich bhalbh bheò,
a' lìonadh nan leathadan casa,
an gàireachdaich 'nam chluais 'na ceò,

's am bòidhche 'na sgleò air mo chridhe
mun tig an ciaradh air na caoil,
's nuair theàrnas grian air cùl Dhùn Cana
thig peileir dian á gunna Ghaoil;

's buailear am fiadh a tha 'na thuaineal
a' snòtach nan làraichean feòir;
thig reothadh air a shùil 'sa choille;
chan fhaighear lorg air fhuil ri m' bheò.

COILLTEAN RATHARSAIR

Gallain a' ghiuthais
air luthadh an fhirich;
gorm chlogadan suaithneis,
muir uaine gun dinneadh:
treun, aotrom, ceann-gaothail,
neo-shaothrach, gun shireadh,
a' choille mhór ghuanach,
ruadh, uaine, dà fhilleadh.

Floor of bracken and birch
in the high green room;
the roof and the floor
heavily coloured, serene:
tiny cups of the primrose,
yellow petal on green,
and the straight pillars of the room,
the noble restless pines.

You gave me helmets,
victorious helmets,
ecstatic helmets,
yellow and green;
bell-like helmets,
proud helmets,
sparkling helmets,
brown-red helmets.

I took your banners
and wrapped them round me:
I took your yellow
and green banners.
I clothed pampered
volatile thoughts:
I clothed them in your
yellow and red banners.

I took my way
through the restless intricacy;
I took the course
over the new land of dream,
going and returning
and seeking the triumph,
in delight and in swift running,
with my desire proud-spirited.

Urlar frainich is beithe
air an t-seòmar àrd uaine;
am mullach 's an t-ùrlar
trom dhathte le suaimhneas:
mith chuachan na sóbhraig,
bileag bhuidhe air uaine;
is cuilbh dhireach an t-seòmair,
giuthas òirdhearc an luasgain.

Thug thu dhomh clogadan,
clogadan buadhmhor,
clogadan mireanach,
buidhe is uaine;
clogadan glaganach,
clogadan uallach,
clogadan drithleannach,
clogadan ruadha.

Ghabh mi do bhrataichean
umam 'gan suaineadh:
ghabh mi do bhrataichean
buidhe is uaine.
Sgeadaich mi aignidhean
beadarra luaineach:
sgeadaich 'nad bhrataichean
buidhe is ruadha.

Ghabh mi an t-slighe
troimh fhilleadh an luasgain:
thug mi an cùrsa
thar ùr-fhonn a' bhruadair,
a' siubhal 's a' tilleadh
's a' sireadh na buaidhe,
am mire 's an deann-ruith
is m' annsachd gu h-uallach.

The great wood in motion,
fresh in its spirit;
the high green wood
in a many-coloured waulking;
the wood and my senses
in a white-footed rapture;
the wood in blossom
with a fleeting renewal.

The sunlit wood
joyful and sportive;
the many-winded wood,
the glittering jewel found by chance:
the shady wood,
peaceful and unflurried;
the humming wood
of songs and ditties.

The divided wood
wakening at dawn,
the wood with deer-belling
bursting to baying;
the wood with doubling
of hurrying crunluadh,
the wood delighted
with the love-making of the sea.

You were eloquent at evening
with songs in your house,
and cool with dews
silently falling;
and you would break out in splendour
with dells of thrushes,
and be silent always
with a humming of streamlets.

A' choille mhór shiùbhlach
's i ùrail am meanmna;
a' choille àrd uaine
ann an luadh ioma-dhealbhach;
a' choille 's mo bhuadhan
ann an luathghair nan gealachas;
a' choille bàrr-gùcach
le ùrachadh falbhach.

Coille na gréine
's i éibhneach is mireagach;
a' choille ioma-ghaothach,
an leug fhaodail dhrithleannach:
coille na sgàile
's i tàmhach neo-dhribheagach;
coille a' chrònain
's i òranach luinneagach.

A' choille 'san sgarthanaich
dùsgadh 'sa chamhanaich;
a' choille le langanaich
brùchdadh gu tabhanaich:
a' choille le dùblachadh
crunluaidh chabhagaich;
a' choille 's i mùirneach
ri sùgradh nam marannan.

Bha thu labhar tràth nòine
le òrain 'nad fhàrdaich
is fionnar le driùchdan
a' tùirling gu sàmhach;
agus bhristeadh tu loinneil
le doireachan smeòrach,
's a' dùnadh gu suthain
bu shruthanach crònan.

*In your silence at night
there would be lovely amber shapes
over the dimming of the woods
and the faint light of the gloaming,
creeping wilily,
many-formed, subtle,
going and always coming
and winding themselves into your croon.*

*You gave me helmets,
green helmets;
the helmet of the poignant
and the helmet of the serene:
new helmets
hurting me with temptation,
helmets of pride
maiming me with unrest.*

*A face troubled the peace of the woodlands,
the bird-song of rivulets and the winding of burns,
the mildness of yellow stars shining,
the glitter of the sea, the phosphorescence of night.*

*When the moon poured the bright crown pieces
on the dark blue board of the sea at night
and I rowed to meet them,
I then tried to work out its genesis.*

*Sgurr nan Gillean is the fire-dragon,
warlike, terrible with its four
rugged headlong pinnacles in a row;
but it is of another sky.*

Ri d' thosd anns an oidhche
bhiodh loinn-chruthan òmair
thar ciaradh nan coilltean
's fann shoillse na glòmainn,
ag èaladh gu cuireideach,
ioma-chruthach seòlta,
a' falbh 's a' sìor-thighinn
's 'gam filleadh 'nad chrònan.

Thug thu dhomh clogadan,
clogadan uaine;
clogad a' bhioraidh
is clogad an t-suaimhneis:
clogadan ùrail
'gam chiùrradh le buaireadh,
clogadan àrdain
'gam mhàbadh le luasgan.

Bhuair aodann sàmhchair choilltean,
ceilearadh shruthan is suaineadh aibhnean,
ciùine reultan buidhe a' boillsgeadh,
lainnir a' chuain, coille-bìonain na h-oidhche.

Nuair dhòirt a' ghealach na crùin shoilleir
air clàr dùghorm na linne doilleir
agus a dh' iomair mi 'nan coinneamh,
's ann a dh' fhiach mi ri shloinneadh.

'S e Sgurr nan Gillean a' bheithir
cholgarra gharbh le cheithir
binneanan carrach ceann-chaol sreathach,
ach 's ann tha e bho speur eile.

Sgurr nan Gillean is the reposeful
beautiful unicorn in its whiteness,
in its snow whiteness sparkling,
calm and steadfast in its thrust,

its spearthrust on the horizon,
the shapely white peak of beauty,
peak of my longing and full love,
the peak that sleeps for ever over the Clarach.

Green wood on the hither side of the Clarach,
the wood of Raasay with the music of laughter,
the wood of Raasay, mild and peaceful,
the joyful, sorrowful, loved wood.

Graveyard on each south slope of the hill-side,
the two rich graveyards of half my people,
two still graveyards by the sea sound,
the two graveyards of the men of Raasay returned,

returned to the repose of the earth
from the sun's day of the round sky;
a graveyard shaded from the breath of the sea,
the two graveyards of the loins of the land.

The wood of Raasay,
my dear prattler:
my whispered reason,
my sleeping child.

There came a startling in the wood,
in the wood of dewy night,
in the wood of the tender leaves,
the restless wood of the rivulets.

B' e 'n t-aon-chòrnach Sgurr nan Gillean,
foistinneach, sgiamhach le ghile,
le ghile shneachda 'na dhrithleann,
ciùin agus stòlda 'na shitheadh,

'na shitheadh sleagha air an fhàire,
sgurra foinnidh geal na h-àilleachd,
sgurra m' iargain 's mo shàth-ghaoil,
sgurra 's biothbhuan suain thar Clàraich.

Coille uaine taobh bhos na Clàraich,
coille Ratharsair le ceòl-gàire,
coille Ratharsair gu ciùin sàmhach,
coille aoibhneach bhrònach ghràdhach.

Cladh air dà shlios dheas an fhirich,
dà chladh saoibhir leth mo chinnidh,
dà chladh sàmhach air bruaich na linne,
dà chladh fir Ratharsair air tilleadh,

air tilleadh gu tàmh an fhuinn
bho latha gréine an speur chruinn;
cladh fo sgàil bho àile tuinn,
dà chladh leasraidh an fhuinn.

   Coille Ratharsair,
   m' ionam, labharag:
   mo chiall cagarain,
   mo leanabh cadalach.

Anns a' choille thainig straonadh,
an coille na h-oidhche braonaich,
an coille nan duilleagan maotha,
coille luaineach, coille chaochan.

The adder awoke in its rich growth,
in its multi-swift fine foliage,
among its leafy branches to wound,
the venom of the cry of pain in the love-making.

The thrust came from the Cuillin,
from the mountains hardest
to climb to a pleasant summit:
the tender softness was stung by a monster.

I saw the three in their swift course,
the three shapely naked goddesses:
I recognised the bruised Actaeon
harried by the three angry ones.

I saw the three in the woods,
the three white naked graceful ones,
the three a glimmer before me,
the three unspeakable in meeting.

One who gave the kisses
that did not satisfy the pursuit
that was double in the flight,
the pursued man vehement in pursuit.

The wood of Raasay was the one
that gave the smooth honeyed kiss,
the kiss that would not suffice the clay,
the kiss that put unrest in the body.

There is not the speed in their poem
that would make the high tempest of it;
there is not in it the full life
that would make the wood rest.

Dhùisg an nathair 'na lùisreadh,
'na duilleach ioma-luath caol ùrar,
'na geugan duilleagach gu ciùrradh,
gath a' chràdhghal anns an t-sùgradh.

Thàinig an sitheadh bho 'n Chuilithionn,
bho na beanntan bu duilghe
dìreadh gu mullach suilbhir:
lotadh a mhaothanachd le uilebheist.

Chunnaic mi an triùir gu siùbhlach,
an triùir bhan-dia chuimir rùisgte:
b' aithne dhomh Actaeon brùite
le triùir fheargach 'ga sgiùrsadh.

Chunnaic mi an triùir 's a' choille,
an triùir gheal rùisgte loinneil,
an triùir 'nan aiteal mu m' choinneamh,
an triùir dho-labhairt an coinneamh.

Té a liubhair na pògan
nach do shàsaich an tòrachd
dhùbailte bha anns an fhògradh,
am fear ruagte dian 'san tòrachd.

Bu choille Ratharsair an té
a liubhair pòg mheala réidh,
a' phòg nach fòghnadh do 'n chré,
a' phòg chuir luasgan 's a' chléibh.

Chan eil de dheann-ruith 'nan dàn
a dheanadh dheth an doineann àrd;
chan eil ann de bheatha làin
a chuireadh a' choille 'na tàmh.

The wood of Raasay in its gentleness,
joyful beside the Clarach,
the green variation on the pibroch theme
that the Cuillin makes with the waves.

The wood of Raasay is the talking one,
the prattling whispering wood,
the wood light beside the seas,
the green wood in a sleepless slumber.

To believe with flesh,
with brain and heart,
that one thing was complete,
beautiful, accessible:
a thing that would avoid the travail
of the flesh and hardship,
that would not be spoiled by the bedragglement
of time and temptation.

What is the meaning of giving a woman
love like the growing blue of the skies
rising from the morning twilight
naked in the sun?
Though a love were given as perfect
as heroism against circumstances,
unhesitant, undoubting, hopeless,
sore, blood-red, whole;
though the unspeakable love were given,
it would be only as if one were to say
that the thing could not happen
because it was unspeakable.

Coille Ratharsair 'na ciùine
ri taobh na Clàraich gu mùirneach,
siubhal uaine an ùrlair
th' aig a' Chuilithionn ris na sùghan.

Coille Ratharsair an labharag,
coille bhriodail, coille chagarain,
coille aotrom ri taobh nam marannan,
coille uaine an suain neo-chadalach.

'S e bhith creidsinn le feòil,
le eanchainn 's le cridhe
gu robh aon ni coimhlionta
àlainn so-ruighinn:
ni a sheachnadh allaban
na colainne 's a' chruaidh-chàis,
nach millteadh le meapaineadh
time is buairidh.

Dé fàth bhith toirt do nighinn
gaol mar ghormadh speur
ag éirigh as a' chamhanaich
gu lomnochd ri gréin?
Ged bheirteadh gaol cho coimhlionta
ri gaisge 'n aghaidh chàs,
gun athadh, gun teagamh, gun dòchas,
goirt, crò-dhearg, slàn;
ged bheirteadh an gaol do-labhairt,
cha bhiodh ann ach mar gun cainte
nach b' urrainn an càs tachairt
a chionn gun robh e do-labhairt.

What is the meaning of giving hope
a steed-footed blood-red love,
of offering to the Cuillin's height
a love that will strive over every difficulty?
What is the meaning of worshipping Nature
because the wood is part of it?

One has seen the Cuillin wall knocked down,
brittle, broken, in a loathsome pit;
and one has seen the single-minded love
unattainable, lost, unspoiled.

It is that they rise
from the miserable torn depths
that puts their burden on mountains.

Poor, uncertain the base
on which the heroic Cuillin is based
just as the reason is torn
to put beauty on poem or melody.

O the wood, O the wood,
how much there is in her dark depths!
Thousands of adders in her rich growth:
joy broken and bruised,
and the pain that was ever in anguish,
that cannot get over its anguish.

O the wood, O the wood!
The aspect of pleasant beauty,
of the eye that is soft and bright,
the lively jewel in blindness.

Dé fàth bhith toirt do dhòchas
gaol steud-crodhanta crò-dhearg,
bhith liubhairt do àird a' Chuilithinn
gaol a nì strì thar gach duilghinn?
Dé fath aoradh do Nàdur
a chionn gur h-i choille pàirt dheth?

Chunnacas mùr a' Chuilithinn leagte,
prann briste, an slochd sgreataidh;
agus chunnacas an gaol singilt
do-ruighinn, caillte, neo-mhillte.

'S e gu bheil iad ag éirigh
as an doimhne thruaigh reubte
tha cur air beanntan an éire.

Bochd mi-chinnteach am bonn
tha stéidheachadh Cuilithionn nan sonn
ionnas mar reubar an conn
chuir àilleachd air dàn is fonn.

Och a' choille, och a' choille,
dé na tha 'na doimhne dhoilleir!
Mìltean nathraichean 'na lùisreadh:
an t-aoibhneas 's e briste brùite
agus an cràdh bha riamh ciùrrte,
nach toir bàrr air a' chiùrradh.

Och a' choille, och a' choille!
Fiamh na bòidhche foinnidh,
na sùla tha maoth soilleir,
seud beodhanta anns an doille.

The way of the sap is known,
oozing up to its work,
the wine that is always new and living,
unconscious, untaught.

There is no knowledge of the course
of the crooked veering of the heart,
and there is no knowledge of the damage
to which its aim unwittingly comes.

There is no knowledge, no knowledge,
of the final end of each pursuit,
nor of the subtlety of the bends
with which it loses its course.

HIGHLAND WOMAN

Has Thou seen her, great Jew,
who art called the One Son of God?
Hast Thou, on Thy way, seen the like of her
labouring in the distant vineyard?

The load of fruits on her back,
a bitter sweat on brow and cheek;
and the clay basin heavy on the back
of her bent, poor, wretched head.

Thou hast not seen her, Son of the carpenter,
who art called the King of Glory,
among the rugged western shores
in the sweat of her food's creel.

Tha eòl air slighe an t-snodhaich
a' drùdhadh suas gu ghnothach,
am fion sìor ùrar beothail
gun fhios dha fhéin, gun oilean.

Chan eil eòl air an t-slighe
th'aig fiarachd cham a' chridhe
's chan eil eòl air a' mhilleadh
do 'n tàrr gun fhios a cheann-uidhe.

Chan eil eòlas, chan eil eòlas
air crìch dheireannaich gach tòrachd
no air seòltachd nan lùban
leis an caill i a cùrsa.

BAN-GHAIDHEAL

Am faca Tu i, Iùdhaich mhóir,
ri 'n abrar Aon Mhac Dhé?
Am fac' Thu a coltas air Do thriall
ri strì an fhìon-lios chéin?

An cuallach mheasan air a druim,
fallus searbh air mala is gruaidh;
's a' mhìos chreadha trom air cùl
a cinn chrùibte, bhochd, thruaigh.

Chan fhaca Tu i, Mhic an t-saoir,
ri 'n abrar Rìgh na Glòir,
am measg nan cladach carrach siar,
fo fhallus cliabh a lòin.

This spring and last
and every twenty springs from the beginning
she has carried the cold seaweed
for her children's food and the castle's reward.

And every twenty autumns that have gone
she has lost the golden summer of her bloom;
and the black-labour has ploughed the furrow
across the white smoothness of her forehead.

And Thy gentle Church has spoken
of the lost state of her miserable soul;
and the unremitting toil has lowered
her body to a black peace in a grave.

And her time has gone like a black slush
seeping through the thatch of a poor dwelling:
the hard black-labour was her inheritance;
grey is her sleep tonight.

DEATH VALLEY

Some Nazi or other has said that the Führer had restored to German manhood the 'right and joy of dying in battle'.

Sitting dead in Death Valley
below Ruweisat Ridge
a boy with his forelock down about his cheek
and his face slate-grey.

An t-earrach so agus so chaidh
's gach fichead earrach bho 'n an tùs
tharruing ise 'n fheamainn fhuar
chum biadh a cloinn is duais an tùir.

Is gach fichead foghar tha air triall
chaill i samhradh buidh nam blàth;
is threabh an dubh chosnadh an clais
tarsuinn mìnead ghil a clàir.

Agus labhair T' Eaglais chaomh
mu staid chaillte a h-anama thruaigh;
agus leag an cosnadh dian
a corp gu sàmchair dhuibh an uaigh.

Is thriall a tìm mar shnighe dubh
a' drùdhadh tughaidh fàrdaich bochd:
mheal ise an dubh chosnadh cruaidh;
is glas a cadal suain an nochd.

GLAC A' BHAIS

Thubhairt Nàsach air choireigin gun tug am Furair air ais do fhir na
Gearmailte 'a' chòir agus an sonas bàs fhaotainn anns an àraich'.

'Na shuidhe marbh an Glaic a' Bhàis
fo Dhruim Ruidhìseit
gill' òg 's a logan sìos m' a ghruaidh
's a thuar grìsionn.

I thought of the right and the joy
that he got from his Führer,
of falling in the field of slaughter
to rise no more;

of the pomp and the fame
that he had, not alone,
though he was the most piteous to see
in a valley gone to seed

with flies about grey corpses
on a dun sand
dirty yellow and full of the rubbish
and fragments of battle.

Was the boy of the band
who abused the Jews
and Communists, or of the greater
band of those

led, from the beginning of generations,
unwillingly to the trial
and mad delirium of every war
for the sake of rulers?

Whatever his desire or mishap,
his innocence or malignity,
he showed no pleasure in his death
below Ruweisat Ridge.

Smaoinich mi air a' chòir's an àgh
a fhuair e bho Fhurair,
bhith tuiteam ann an raon an àir
gun éirigh tuilleadh;

air a' ghreadhnachas 's air a' chliù
nach d' fhuair e 'na aonar,
ged b' esan bu bhrònaiche snuadh
ann an glaic air laomadh

le cuileagan mu chuirp ghlas
air gainmhich lachdainn
's i salach-bhuidhe 's làn de raip
's de sprùidhlich catha.

An robh an gille air an dream
a mhàb na h-Iùdhaich
's na Comunnaich, no air an dream
bu mhotha, dhiubhsan

a threòraicheadh bho thoiseach àl
gun deòin gu buaireadh
agus bruaillean cuthaich gach blàir
air sgàth uachdaran?

Ge b' e a dheòin-san no a chàs,
a neoichiontas no mhìorun,
cha do nochd e toileachadh 'na bhàs
fo Dhruim Ruidhìseit.

SORLEY MACLEAN

AN AUTUMN DAY

On that slope
on an autumn day,
the shells soughing about my ears
and six men dead at my shoulder,
dead and stiff — and frozen were it not for the heat —
as if they were waiting for a message.

When the screech came
out of the sun,
out of an invisible throbbing,
the fame leapt and the smoke climbed
and surged every way:
blinding of eyes, splitting of hearing.

And after it, the six men dead
the whole day:
among the shells snoring
in the morning,
and again at midday
and in the evening.

In the sun, which was so indifferent,
so white and painful;
on the sand which was so comfortable,
easy and kindly;
and under the stars of Africa,
jewelled and beautiful.

LATHA FOGHAIR

'S mi air an t-slios ud
latha foghair,
na sligean a' sianail mu m' chluasan
agus sianar marbh ri mo ghualainn,
rag mharbh — is reòta mur b'e 'n teas —
mar gum b' ann a' fuireach ri fios.

Nuair thàinig an sgriach
a mach as a' ghréin,
a buille 's bualadh do-fhaicsinn,
leum an lasair agus streap an ceathach
agus bhàrc e gacha rathad:
dalladh nan sùl, sgoltadh claistinn.

'S 'na dhéidh, an sianar marbh,
fad an latha;
am miosg nan sligean 'san t-strannraich
anns a' mhadainn,
agus a rithist aig meadhon-latha
agus 'san fheasgar.

Ris a' ghréin 's i cho coma,
cho geal cràiteach;
air a ghainmhich 's i cho tìorail
socair bàidheil;
agus fo reultan Africa,
's iad leugach àlainn.

One Election took them
and did not take me,
without asking us
which was better or worse:
it seemed, as devilishly indifferent
as the shells.

Six men dead at my shoulder
on an Autumn day.

AT YEATS'S GRAVE

The big broad flagstone of the grave
is on yourself and George your wife
between the sea and Ben Bulben,
between Sligo and Lissadell;
and your marvellous words are
coming in the breeze from every side
with the picture of the young beautiful one
in the television of each field.

The sweet voice on the side of Ben Bulben
from the one shapely young mouth
that took his fame from Dermid
since it was heard on a Green,
become a screech with grief
and with the noble anger
and with the generous deeds
that were sweet in the ears of Connolly
and in the ears of his kind.

Ghabh aon Taghadh iadsan
's cha d' ghabh e mise,
gun fhoighneachd dhinn
có a b' fheàrr no bu mhiosa:
ar liom, cho diabhlaidh coma
ris na sligean.

Sianar marbh ri mo ghualainn
latha foghair.

AIG UAIGH YEATS

Tha leac mór leathann na h-uaghach
ort fhéin 's air Deòrsa do bhean
eadar a' mhuir is Beinn Ghulbain,
eadar an t-Sligeach 's Lios an Daill;
's tha do bhriathran mìorbhaileach
a' tigh'nn le osaig o ghach taobh
le dealbh na té òig àlainn
ann an teilifis gach raoin.

An guth binn air slios Beinn Ghulbain
o 'n aon bhial cuimir òg
a thug a chliù o Dhiarmad
on chualas e air Grine
's e air fàs 'na sgread le bròn
agus leis an fheirg uasail
is leis na h-euchdan còire
bu bhinn an cluais O Conghaile
's an cluasan a sheòrsa.

You got the chance, William,
the chance for your words,
since courage and beauty
had their flagpoles through your side.
You acknowledged them in one way,
but there is an excuse on your lips,
the excuse that did not spoil your poetry,
for every man has his excuse.

Fhuair thusa 'n cothrom, Uilleim,
an cothrom dha do bhriathran,
on bha a' ghaisge 's a' bhòidhche
's an croinn bhratach troimh do chliathaich.
Ghabh thu riutha air aon dòigh,
ach tha leisgeal air do bhilean,
an leisgeal nach do mhill do bhàrdachd
oir tha a leisgeal aig gach duine.

George Campbell Hay

TO A BONNY BIRCH TREE

A cloud drifting in the sky,
leafage between it and my eye;
fresh and green-crested are the tresses of the birch,
jewel of the steep descents about the Bight.

A gentle breeze from the knowe
wins music from your crest;
harp of the wind is your stringed top
as the tendrils of the boughs make melody.

Gem of the hollows down there,
a fairy mound for the birds is your close-set fastness;
you charming them out of every airt,
and they stooping down on you with cheer.

Sweet, sweet the chorusing,
carolling and singing on the hillock,
when the birds of summer alight
on your sprays with honey in their beaks.

Better than their music is to see yourself,
gently nodding below the scaur,
slim and fresh, with crest enlaced and plaited,
and beads of dew on every branch.

Deòrsa
Mac Iain
Deòrsa

DO BHEITHE BOIDHEACH

Neul a' snàmh air an speur,
duilleach eadar e 's mo shùil;
ùr bàrr-uaine gruag a' bheithe,
leug nan leitir cas mu 'n Lùib.

Oiteag tighinn bharr an tuim,
a' toirt fuinn as do dhos;
cruit na gaoithe do bhàrr teudach,
cuisleannan nan geug ri port.

Ailleagan nan glac so shios,
sìodhbhrugh do na h-eòin do dhlùths,
thu 'gan tàladh as gach àirde,
iad a' teàrnadh ort le sunnd.

Ceileireadh 's e binn binn,
seirm is seinn air a' chnoc,
nuair a chromas na h-eòin Shamhraidh
air do mheanglain 's mil 'nan gob.

Is fhèarr na 'n ceòl t' fhaicinn fhéin
air bhogadan réidh fo 'n chnap,
seang bàrr-snìomhain amlach ùrar,
is dealt 'na chùirnein air gach slait.

THE VOYAGING OF THE CORRIE

We lifted out on to the green plain,
we weathered Garvel the tempestuous and scowling,
hard rain-squalls leaped upon us out of the south-west.
She raised her head against the heads of the cold waves,
the black narrow one who makes a clamour as she goes,
she raised her singing and made an onrush.

She stretched her sheet as hard as steel,
she stretched her side to the sides of the waves,
she stretched her stride to pace the oceans.
She struck a blow with her gunnel as she buffeted,
she struck a dunt with the seam of her shoulder,
she clove a wound with her beak as she lurched.

Eilean Aoidh — joyous was her roaring;
Ardlamont — haughty was her shouting;
up off Inchmarnock she sang a ditty.
In our eyes there was nothing but the smoke of her strokes,
spindrift and driven spray from the crests of the billows;
in our ears there was nothing but the sound of her snorting.

THE BATTLEMENTS

Wondrous clouds are heaped aloft,
with a dark flush and a fierce swelling;
strong turrets, towers full of pride,
threatening banners, mist and rage.

SIUBHAL A' *CHOIRE*

Thog sinn am mach air a' mhachair uaine,
chuir sinn a' Gharbhaird ghailbheach, ghruamach,
leum o'n iardheas sìontan cruadh oirnn.
Thog i 'ceann ri ceann nam fuarthonn,
an té dhubh chaol 'nì gaoir 'na gluasad,
thog i 'seinn is rinn i ruathar.

Shìn i a sgòd le cruas na cruadhach,
shìn i taobh ri taobh nan stuadhan,
shìn i 'ceum a cheumadh chuantan.
Bhuail i beum le 'beul 's i 'tuairgneadh,
thug i sad le sgar a guailne,
ghearr i leòn le 'sròin 's i 'luasgan.

Eilean Aoidh — bu aoibh a nuallan;
Aird MhicLaomainn — a gaoir gu'm b'uaibhreach;
os cionn na h-Innse sheinn i duanag.
Cha robh 'nar sùilean ach smùid a stràcan,
cathadh is sìoban o chìr nam bairlinn,
cha robh 'nar cluais ach fuaim a stàirneil.

NA BAIDEALAN

Neòil iongantach 'gan càrnadh suas
le ruaim ghàbhaidh 's tòcadh borb;
turaidean treuna, tùir làn pròis,
brataichean bagraidh, ceò is colg.

Fearful darkness creeps before them,
and down out of them the lightning flashes;
they trail after them the grey rain
like a blinding curtain across the sea.

Yonder are waves and land, their colour lost,
blotted out by the torrent from the skies,
and gapped Arran gone from us under a cloak —
it is a terrible glory of the glories of God.

THE FOUR WINDS OF SCOTLAND

My melodious gentle breeze blowing from the south in my
Summer birchwood is she; my ocean storm, with downpour
sending in headlong spate each burn for me; the north
wind with driving snow that makes beautiful the hills for
me; the wind that drives my Springtime muirburn up the
slopes of glens is she.

The leaves of Summer, the spate of Autumn, the
snowdrifts and the high Spring wind is she; the sough of
the woodland, the roaring of waterfalls, the freshness of
the snow and the heather ablaze is she; mild pleasantness
and melody, angry pride and courage, growth and the
pouring of the showers is she; breath of my body, nurture
of my understanding, my hands, my joints and my soul is
she. All year long, each season through, each day and each
fall of dusk for me, it is Scotland, Highland and Lowland,
that is laughter and warmth and life for me.

Snàgaidh rompa duibhre 's oillt,
's na dealain bhoillsgeach asd' anuas;
slaodar leò an t-uisge glas
'na chùirtein dallaidh trasd' an cuan.

Sud tuinn is tìr air call an dath,
'gan dubhadh as le steall nan speur,
is Arainn bheàrnach uainn fo chleòc —
glòir uamharr e de ghlòiribh Dhé.

CEITHIR GAOTHAN NA H-ALBANN

M' oiteag cheòlmhor chaoin teachd deiseil
     'nam bheitheach Samhraidh i,
mo stoirm chuain le dìle cur still 's gach alldan domh,
a' ghaoth tuath le cathadh sneachda
     nì dreachmhor beanntan domh,
a' ghaoth tha 'g iomain m' fhaloisg earraich
     ri leathad ghleanntaichean.

Duilleach an t-Samhraidh, tuil an Dàmhair,
     na cuithean 's an àrdghaoth Earraich i;
dùrd na coille, bùirich eas, ùire an t-sneachda 's an fhaloisg i;
tlàths is binneas, àrdan, misneach, fàs, is sileadh nam frasan i;
anail mo chuirp, àrach mo thuigse,
     mo làmhan, m' uilt is m' anam i.
Fad na bliadhna, ré gach ràidhe,
     gach là 's gach ciaradh feasgair dhomh,
is i Alba nan Gall 's nan Gàidheal
     is gàire, is blàths, is beatha dhomh.

EUROPE'S PITEOUS PLIGHT

The finely hewn ramparts of Europe
are down in a heap upon her plains.

Their ancient carvings
are split and scattered.

The close-fitting courses of her towers
are collapsed in small rubble.

The people of her halls
are wanderers dispersed.

Without ever rest, full of need,
are the nights and days of her folk.

The shrill voice of their pitiful complaining
drowns the hard roaring of her winds.

Gone from Europe
is a third of her tranquil, aged beauty.

The old sanctuary of the arts,
the tender heart of humanity.

Alas, she is become a promontory of Asia,
the Balkans of the world!

BIZERTA

I see during the night guard
a blaze flickering, fringing the skyline over yonder,
beating with its wings,
scattering and dimming the stars of that airt.

TRUAIGHE NA H-EORPA

Tha mùir shnaidhte na h-Eòrpa
shìos 'nan tòrr air a raointean.

Tha an gràbhaladh àrsaidh
air a sgàineadh is gaorr air.

Tha dlùthshreathan a tùirean
'nam mion-sprùidhlich air aomadh.

Tha muinntir a tallachan
sgapte air faontra.

Is luaineach, làn airce,
oidhch' is latha a daoine.

Chaidh geurghuth an truaighe
thar cruaidhghàir a gaothan.

Dh'fhalbh bharr na h-Eòrpa
trian de 'bòidhchead sèimh aosda.

Sean tearmunn na h-ealain,
cridhe meachair na daondachd.

Och, Rudha na h-Aisia,
Balcan an t-saoghail!

BISEARTA

Chi mi rè geàrd na h-oidhche
dreòs air chrith 'na fhroidhneas thall air faire,
a' clapail le a sgiathaibh,
a' sgapadh 's a' ciaradh rionnagan na h-àird' ud.

You would think that there would be heard
from its midst, though far away, wailing and lamentation,
the roar of rage and the yell of hate,
the barking of the dogs from it or the howling of wolves,
that the snarl of violence would reach
from yon amber furnace the very edge of the world;
but yonder it spreads
along the rim of the sky in evil ghastly silence.

What is their name tonight,
the poor streets where every window spews
its flame and smoke,
its sparks and the screaming of its inmates,
while house upon house is rent
and collapses in a gust of smoke?
And who tonight are beseeching
Death to come quickly in all their tongues,
or are struggling among stones and beams,
crying in frenzy for help, and are not heard?
Who tonight is paying
the old accustomed tax of common blood?

Now red like a battlefield puddle,
now pale like the drained whiteness of foul fear,
climbing and sinking,
reaching and darting up and shrinking in size,
growing faint for a moment
and swelling like the breath of a devil in intensity,
I see Evil as a pulse
and a heart declining and leaping in throbs.
The blaze, a horror on the skyline,
a ring of rose and gold at the foot of the sky,
belies and denies
with its light the ancient high tranquillity of the stars.

Shaoileadh tu gun cluinnte,
ge cian, o 'bhuillsgein ochanaich no caoineadh,
ràn corruich no gàir fuatha,
comhart chon cuthaich uaidh no ulfhairt fhaolchon,
gun ruigeadh drannd an fhòirneirt
o'n fhùirneis òmair iomall fhéin an t-saoghail;
ach sud a' dol an leud e
ri oir an speur an tosdachd olc is aognaidh.

C' ainm an nochd a th' orra,
na sràidean bochda anns an sgeith gach uinneag
a lasraichean 's a deatach,
a sradagan is sgreadail a luchd thuinidh,
is taigh air thaigh 'ga reubadh
am broinn a chéile am brùchdadh toit a' tuiteam?
Is có an nochd tha 'g atach
am Bàs a theachd gu grad 'nan cainntibh uile,
no a' spàirn measg chlach is shailthean
air bhàinidh a' gairm air cobhair, is nach cluinnear?
Cò an nochd a phàidheas
sean chìs àbhaisteach na fala cumant?

Uair dearg mar lod na h-àraich,
uair bàn mar ghile thràighte an eagail éitigh,
a' dìreadh 's uair a' teàrnadh,
a' sìneadh le sitheadh àrd 's a' call a mheudachd,
a' fannachadh car aitil
's ag at mar anail dhiabhail air dhéinead,
an t-Olc 'na chridhe 's 'na chuisle,
chì mi 'na bhuillean a' sìoladh 's a' leum e.
Tha 'n dreòs 'na oillt air fàire,
'na fhàinne ròis is òir am bun nan speuran,
a' breugnachadh 's ag àicheadh
le shoillse sèimhe àrsaidh àrd nan reultan.

THE YOUNG MAN SPEAKING FROM THE GRAVE

Look closely on it, mankind,
and let the eye bid the memory take heed.

See the land that has drunk our wounds,
ploughed by the cannon.

See the fields that swallowed us
spewing their dust in the air.

As the black pillars dance a reel on them
to the drumming of the barking guns.

Watered they are with butchery,
with the blood of young men night and day.

They have been dug, they have been torn,
they have been harrowed by the slaughter.

See the cottages and towns,
heaps of masonry that give no shelter.

See the dust of the crushed towns in Italy,
and of the villages overthrown in Africa.

The fine dust of the dead houses,
the stour of armies on the graves of homes.

A great wind should gather it
through Europe far and wide,

from Europe and from Britain,
sweeping it along in a stabbing cloud.

AN T-OIGEAR A' BRUIDHINN O'N UIR

Seall, a chinne-dhaonna, dlùth air,
's gu'n toir an t-sùil do'n chuimhne rabhadh.

Seall am fonn a dh'òl ar lotan
air a threabhadh leis a' chanan.

Seall na h-achaidhean a shluig sinn
a' sgeith an duslaich anns an adhar.

Ruidhle aig na cuilbh dhubh' orr'
ri drumaireachd nan gunn' a' tabhann.

Air an uisgeachadh le feòlachd,
le fuil òigear oidhch' is latha.

Air an ruamhar, air an riastradh,
air an cliathadh leis a' chasgairt.

Seall na bothain is na bailtean
'nan cruachan clachaireachd gun anam.

Seall smùr nam baile pronn san Eadailt,
's nan clachan leagte thall san Aifric.

Duslach mìn nan taighean marbha,
stùr armailtean air uaigh nan dachaidh.

Bu chòir gu'n cruinnicheadh gaoth mhór e
air feadh na h-Eòrpa fad' is farsuing,

As an Eòrpa is á Breatainn,
'ga sguabadh leatha 'na neul gathach.

To blow in the hard eyes
that do not grieve for our torn wounds;

that do not grieve for us, mown in the Springtime,
or for our campaign graves in a strange land,

to fill them with spears of dust,
to set them streaming and to blind them;

even as the dark dust cloud choked us,
and quenched the young sun of our day.

ATMAN

You thieved in your need,
and you tried a lie to get off;
they condemned you, reviled you and whipped you,
and they put you under lock and key.

The honourable mouth that condemned you
was blubberish and tiny in the grey face;
and Justice was blear-eyed from scrutinising
its account-books, that ever showed abundance.

But the mouth which was found lying
was mannerly, cheerful and melodious;
I got sharp repartee and tales from it,
though it was not too well acquainted with a meal.

Your eye would be raised from your work
to draw pleasure from the shape of the world;
you praised Jebel Yussuf to me,
its form and its colour.

'S gu'n séideadh i sna sùilean cruaidhe
leis nach truagh ar lotan sracte,

leis nach truagh ar buain Earraich,
's ar n-uaighean feachda air ar n-aineol,

'gan lionadh le sleaghan duslaich,
'gan cur a shruthadh is 'gan dalladh;

ceart mar a thachd an duslach ciar sinn,
's a mhùch e grian òg ar latha.

ATMAN

Rinn thu goid 'nad éiginn,
dh'fheuch thu breug gu faotainn as;
dhìt iad, chàin is chuip iad thu,
is chuir iad thu fo ghlais.

Bha 'm beul onorach a dhìt thu
pladach, bideach 'sa ghnùis ghlais;
bha Ceartas sreamshùileach o sgrùdadh
a leabhar cunntais 's iad sìor phailt.

Ach am beul a dhearbhadh breugach,
bha e modhail, éibhinn, binn;
fhuair mi eirmseachd is sgeòil uaith
's gun e ro eòlach air tràth bidh.

Thogte do shùil o'n obair
á cruth an t-saoghail a dheoghal tlachd;
mhol thu Debel Iussuf dhomh,
a cumadh is a dath.

I know you, Atman,
the woman of your house and your five youngsters,
your little clump of goats and your ass,
your plot of rye and your cow.

I know you, Atman:
you are a man, and you are alive;
two things the judge is not,
and that he has lost his chance of being ever.

Your sweat is not seldom in your eyes;
you know what sporting and anger are;
you have tasted and tasted the difference
between sweet and bitter.

You have tried hatred and grief and laughter;
you have tried tempest and sun;
you have experienced life
and never shrunk before it.

Had you been wealthy, and your gut
thick with the leanness of your tired ploughmen,
you would not be keeping company with the lice
in the black prison of Mondovi.

When the decent judge of the court
gets the fill of his eye of my back,
I will come aside to welcome you
across the street if I see you.

Our Lord Jesus was crucified
along with thieves on the top of a hill,
and it would be blasphemy, Atman, to deny
that you are a brother of mine.

Is aithne dhomh thu, Atmain,
bean do thaighe 's do chóignear òg,
do bhaidnein ghobhar is t'asail,
do ghoirtein seagail is do bhó.

Is aithne dhomh thu, Atmain:
is fear thu 's tha thu beò,
dà nì nach eil am breitheamh,
's a chaill e 'chothrom gu bhith fòs.

Chan ainmig t' fhallus 'na do shùilean;
is eòl duit sùgradh agus fearg;
bhlais is bhlais thu 'n difir
eadar milis agus searbh.

Dh'fheuch thu gràin is bròn is gàire;
dh'fheuch thu ànradh agus grian;
dh'fhairich thu a' bheatha
is cha do mheath thu roimpe riamh.

Na'n robh thu beairteach, is do chaolan
garbh le caoile t' airein sgìth,
cha bhiodh tu 'chuideachd air na mìolan
an dubh phrìosan Mhondovì.

Nuair gheibh breitheamh còir na cùirte
làn a shùla de mo dhruim,
thig mi a thaobh gu d'fhàilteachadh
trasd an t-sràid ma chì mi thu.

Sidna Aissa, chaidh a cheusadh
mar ri mèirlich air bàrr sléibh,
is b'e 'n toibheum, Atmain, àicheadh
gur bràthair dhomh thu fhéin.

MEFTAH BABKUM ES-SABAR*

I remember at Sûq el-Khemis,
while we argued in the dark café,
a voice, melancholy as the voice of evening bells,
that counselled me to be submissive to Providence.
"My heart own, your struggle against It is in vain,
for every beginning and ending
has been written by It already."

He gazed at the palm of his hand and went on:

"Your portion, your destiny, and your shadow —
These accompany you in every place.

"What is fated and has been written
is as a dungeon that the Divine King has locked upon us.
Patience with a down cast look
is the key to the door of our wretched prison."

The tyranny of the flaming sun
and the violence of the hot skies of Africa
had begotten the bruised, tired wisdom of these words.

Wisdom like the slow bells of evening,
not for us is your like!
For a choice apart has been written for us:
peace and death, or struggling and life.

Are the full ears gone, and only the stubble remaining?
Fallen are the townships, and up has sprung the bracken?
Is there a clump of rushes on every threshold?
Oh, world, we are here and live on in spite of it;
the hot ember is yet under the ashes.

* Meftah bâbkum es-sabar: "*Patience the key to our door*" — *a line from an Arabic poem.*

MEFTAH BABKUM ES-SABAR*

Is cuimhne leam an Sùg el-Cheamais,
sa' chaifidh dhorcha is sinn a' deasbud,
guth cianail mar ghuth chlag fo fheasgar
a mhol domh strìochdadh do'n Fhreasdal.
"Mo chridhe fhéin, is faoin bhur gleachd Ris,
's gu bheil gach toiseach agus deireadh
air an sgrìobhadh Aige cheana."

Sgrùd e bas a làimhe 's lean e:

"Do roinn, do mhanadh, is do sgàile,
théid iad cuide riut 's gach àite.

"An rud a tha san Dàn 's a sgrìobhadh,
is gainntir sin a ghlais an Rìgh oirnn.
'S i 'n fhaidhidinn le sealladh ìosal
iuchair dorus ar dubh phrìosain."

Ghin aintighearnas na gréine lasraich,
is ainneart speuran teth na h-Aifric,
gliocas brùite sgìth nam facal.

A ghliocais mar chluig mhall' an fheasgair,
chan ann dhuinne do leithid!
Oir sgrìobhadh roghainn fo leth dhuinn:
an t-sìth 's am bàs no gleachd 's a' bheatha.

Dh'fhalbh na diasan, dh'fhan an asbhuain?
Thuit na bailtean, chinn an raineach?
A bheil tom luachrach air gach stairsnich?
A shaoghail, tha sinn ann g'a aindeoin;
tha a' ghrìosach theth fo'n luaithre fhathast.

---

* *Meftah bâbkum es-sabar*: "Iuchair bhur doruis an fhaidhidinn" —
sreath á dàn Arabach.

Do not ask us, then, to set down for you
some musical wizardry of polished words,
soft, downy things or tales of the fairy knowe,
mist or songs for young girls,
the lullaby of some peaceful old woman
as she rocks her oe and gives it fondling talk —
do not ask that, but the scream of the pipes.
Nice, conventional, certain opinions,
a plausible oration from a sleek head,
customary ways or smoothness,
the tranquillity of the white turbans of Islam,
the patience of an Arab prostrating
himself before Allah in the eternal sultriness,
do not ask for them — we are alive in earnest
and "Cold is the wind over Islay
that blows on them in Kintyre."
Ask for laughter, and cheerful and angry moods,
friendship, enmity, pleasure and displeasure.
Ask for the true reflexion of our mind.

Seek in each new work of our hand
life, sore, rough and triumphant,
for Providence has offered us during our days
the choice between life and death.

The battlefield of our will,
the hearthstone we kindle our fire upon,
the field our ploughteam will awaken,
the foundation for the building of our hands and our zeal;
the hall we found without melody,
and where will be heard, early and evening,
the music of our forebears and the clamour of our singing;
the book where we will write
new poetry below the last verse

Na iarraibh oirnn matà cur sìos duibh
draoidheachd cheòlmhor fhacal lìomhta,
nithean clòimhteach, sgeòil an t-sìdhein,
ceò no òrain airson nìonag,
òran tàlaidh caillich sìtheil
a' tulgadh a h-ogha 's 'ga bhrìodal —
na iarraibh, ach sgal na pìoba.
Beachdan gnàthach, laghach, cinnteach,
òraid dhàicheil à ceann slìogte,
nòsan àbhaisteach no mìnead,
suaimhneas turban geal na h-Ioslaim,
faidhidinn Arabaich 'ga shìneadh
fo chomhair Allah fo'n bhruthainn shìorruidh,
na iarraibh — tha sinn beò da-rìribh,
agus "Is fuar a' ghaoth thar Ile
gheibhear aca an Cinntìre."
Iarraibh gàire, gean is mìghean,
càirdeas, nàimhdeas, tlachd is mìothlachd.
Iarraibh faileas fìor ar n-inntinn.

Siribh an annas ar làimhe
a' bheatha ghoirt, gharbh, luathghàireach,
oir thairg am Freasdal ré ar làithean
roghainn na beatha no a' bhàis duinn.

Blàr-cath' ar toile, leac ar teine,
an raon a dhùisgeas ar seisreach,
stéidh togail ar làmhan 's ar dealais;
an talla a fhuair sinn gun cheilear,
is far an cluinnear moch is feasgar
ceòl ar sinnsre is gàir ar seinne;
an leabhar far an sgrìobhar leinne
bàrdachd ùr fo'n rann mu dheireadh

put in it by the poets of old
— such will be our land. Or, if there be no struggle,
a mean thing of no account, hidden away in a corner,
which another people drained dry and forgot.

THE DUTY OF THE HEIGHTS

The dark mountain under the downpour,
exposed as an anvil to the tempest,
the wind ever blows about its summit,
the mist ever drifts about its sides;
difficult under the feet
are its dripping paths through the rocks;
tranquil about its base
are houses, corn-plots, and gardens.

Often a few have assented to trials
so that others should taste
the happiness that was won
in the face of Powers and tempest —
the scream of the wind on the crest;
not a breath is heard on the straths:
it's the buffeting of the heights
that gives tranquillity to the little glen.

Youth of my country,
is it to be the tranquillity of the plains, then,
the peace and slumber of the low valleys,
sheltered from the rough blast?
Let your step be on the summit,
and your breast exposed to the sky.
For you the tearing wind of the pinnacles,
lest destruction come on us as a landslide.

a chuireadh leis na bàird o shean ann —
b'e sin ar tìr. No, mur an gleachdar,
rud suarach ann an cùil 'ga cheiltinn,
a thraogh 's a dhìochuimhnich sluagh eile.

DLEASNAS NAN AIRDEAN

A' bheinn dhorcha fo 'n dìlinn,
ris na sìontan 'na h-inneoin,
tha sìor shéideadh m' a creachann,
tha sìor cheathach m' a sliosaibh;
is doirbh fo na casan
a h-aisridhean snidheach;
is seasgar m' a bonnaibh
taighean, gortan, is liosan.

Dheònaich beagan an sàrach
tric los càch a bhith blasad
air an t-sonas chaidh bhuinnig
ri uchd Chumhachdan 's gaillinn —
sgal na gaoith' air a' mhullach,
deò cha chluinnear 's na srathaibh:
is e tuairgneadh nan àirdean
a bheir sàmhchar do'n ghleannan.

A òigridh mo dhùthcha,
an e ciùine nan réidhlean,
fois is clos nan gleann iosal,
air an dìon o 'n gharbh shéideadh?
Biodh bhur ceum air a' mhullach,
is bhur n-uchd ris na speuran.
Dhuibh srac-ghaoth nam bidean
mu'n tig sgrios 'na bheum-sléibh oirnn.

137

THE SMIRRY DRIZZLE OF MIST

*Going down the shore on a morning, when the air was
without a breath of wind, there was peace throughout land
and sea, and a saftness from the clouds. Nothing was to
be heard through the stillness but a faint chirming of
birds. Everything was silent and dewy in the smirry
drizzle of mist.*

*There was no airt or direction to guide one on one's way.
There was no place or time there, but one great, deep
stillness. The world was full of tenderness, under druidry
and under a cloak, and there was a fairy blindfolding on
my eyes in the smirry drizzle of mist.*

*Land or horizon could not be seen. Quietness was over
everything. A smoke was rising from colourless, hueless
birch groves and thickets. Hills and hollows were enfolded
in it, and land and sea were lost. There was peace and
rest and slumber in the fine drizzle of mist.*

*Hillside and slopes were lost to sight in the clouds. There
was no colour or sound there, or hour, or light of day.
The slow, caressing rain was on hill and hollow and
meadow, and the Wee Patch was in a smoke in the
foggy drizzle of mist.*

*The showers of drizzly mist came closely down, all
voiceless; whispering and fragrant, soft and fresh, without
voice or melody, they floated about hilltops and cliffs
and closed in about every hollow. Gentleness and
pleasure were drifting down in the smirry drizzle of mist.*

AN CIURAN CEOBAN CEO

Dol sìos an cladach madainn dhomh,
　　　　　　　　's an t-adhar ann gun deò,
bha sìth feadh fuinn is mara ann, is taise bho na neòil.
Cha chluinnte feadh a' chiùinis ach fann chiùcharan aig eòin.
Bha gach nichein tosdach, driùchdach
　　　　　　　　anns a' chiùran cheòban cheò.

Cha robh àird no iùl ann a stiùireadh neach 'na ròd.
Cha robh àit no ùin' ann, ach aon chiùineas domhain, mór.
Bha 'n saoghal làn de'n mhaoithe,
　　　　　　　　fo dhraoidheachd is fo chlèoc,
is bann-sìthe air mo shùilean anns a' chiùran cheòban cheò.

Cha n-fhaicte fonn no fàire. Bha sàmhchar air gach nì.
Bha beithich agus dùsluingean 'nan smùid gun dath, gun lìth.
Bha cnuic is glacan paisgte ann, is chailleadh muir is tìr.
Bha fois is clos is dùsal anns a' chiùran cheòbain mhìn.

Chaidh sliosan agus leathadan á sealladh anns na neòil.
Cha robh dath no fuaim ann, no uair, no solus lò.
Bha 'n sileadh mall, réidh, socrach air cnoc, air glaic, air lòn,
is bha 'm Paiste Beag fo dheataich
　　　　　　　　anns a' cheathach cheòban cheò.

Bha na ciothan ceathaich chiùranaich,
　　　　　　　　's iad dùmhail, dlùth, gun ghlòir,
gu cagarsach, gu cùbhraidh, tais, ùr, gun ghuth, gun cheòl,
a' snàmh mu mhill is stùcan, 's a' cùnadh mu gach còs.
Bha tlàths is tlachd a' tùirling anns a' chiùran cheòban cheò.

Derick
Thomson

HARVEST FIELD

One deceptive evening, among the sheaves,
with some of the corn uncut, you came by,
and I put my scythe then in hiding,
for fear that the edge of the blade would cut you.

Our world was rounded like the harvest field,
though a part was ripe and a part green;
the day to work and the night to dream,
and the moon rose in the midst of content.

I left a little to cut on the morrow,
and we walked together between the swathes:
you fell on a scythe that another had left,
and your skin was cut, and refused healing.

SINCE THE PICTURE IS BROKEN

Since the picture is broken
I will put it from me; there is no profit
in looking at it, nor healing,
since the wall is cracked.

Since the knot is undone
the rope will run through my fingers,
it is not worth my while to mend the net
since the boat has slipped its moorings.

Ruaraidh
MacThòmais

ACHADH-BHUANA

Air feasgar meallta a measg nan adag,
is pàirt gun a bhuain, thàinig tu 'n rathad,
is chuir mi mo speal an sin am falach
air eagal gun dèanadh am faobhar do ghearradh.

Bha ar saoghal cho cruinn ris an achadh-bhuana
ged bha cuid dheth abaich is cuid dheth uaine;
an là ri obair 's an oidhch' ri bruadar,
is dh'éirich a' ghealach a meadhon suaimhneis.

Dh'fhàg mi beagan ri bhuain am màireach,
is choisich sinn còmhla eadar na ràthan:
thuit thu air speal bha fear eile air fhàgail,
is ghearradh do chneas, is dhiùlt e slànadh.

A CHIONN 'S GU BHEIL

A chionn 's gu bheil an dealbh briste
cuiridh mi bhuam e; chan eil buannachd
ann a bhith 'ga amharc, no slàinte,
a chionn 's gu bheil am balla sgàinte.

A chionn 's gu bheil an snaidhm fosgailt
ruithidh an ròp troimh mo làmhan,
chan fhiach dhomh an lìon a chàradh
a chionn 's gu bheil am bàta sgaoilte.

Since the branch has withered
I will not manure this tree,
and I will make a winter of autumn
since I have lost the hounds.

Since the dream is cleft
I will not put my heart on the pillow,
I will not count the brindled birds
since the nest is raided.

THE WELL

In the middle of the village is a little well,
with the grass hiding it,
the green luscious grass closely thatching it.
I heard of it from an old woman,
but she said, "The path is covered with bracken,
where often I walked with my cogie,
and the cogie itself is warped."
When I looked in her lined face
I saw the bracken growing round the well of her eyes,
and hiding it from seeking and from desires,
and closing it, closing it.

"Nobody goes to that well nowadays,"
said the old woman, "as we went once,
when we were young,
though the water is lovely and white."
And when I looked in her eyes through the bracken
I saw the sparkle of that spring
that makes whole every hurt,
till the hurt of the heart.

A chionn 's gu bheil a' gheug air crìonadh
cha chuir mi todhar ris a' chraoibh so,
is ni mi geamhradh de'n fhoghar
a chionn 's gun chaill mi na gadhair.

A chionn 's gu bheil am bruadar sgoilte
cha chuir mi mo chrìdh air cluasaig,
cha chunnt mi na h-eòin bhreaca
a chionn 's gu bheil an nead creachte.

AN TOBAR

That tobar beag am meadhon a' bhaile
's am feur 'ga fhalach,
am feur gorm sùghor 'ga dhlùth thughadh.
Fhuair mi brath air bho sheann chaillich,
ach thuirt i, "Tha 'm frith-rathad fo raineach
far am minig a choisich mi le m' chogan,
's tha 'n cogan fhéin air dèabhadh."
Nuair sheall mi 'na h-aodann preasach
chunnaic mi 'n raineach a' fàs mu thobar a sùilean
's 'ga fhalach bho shireadh 's bho rùintean,
's 'ga dhùnadh 's 'ga dhùnadh.

"Cha teid duine an diugh do'n tobar tha sin,"
thuirt a' chailleach, "mar a chaidh sinne
nuair a bha sinn òg,
ged tha 'm bùrn ann cho brèagh 's cho geal."
'S nuair sheall mi troimh 'n raineach 'na sùilean
chunnaic mi lainnir a' bhùirn ud
a ni slàn gach ciùrradh
gu ruig ciùrradh cridhe.

"And will you go for me,"
said the old woman, "with a thimble even,
and bring to me a drop of that clear water
that will bring colour to my cheeks?"
I found the well at last
and though her need was not the greatest,
it was to her I brought the treasure.

It may be that the well
is only something I saw in a dream,
for when I went to seek it today
I found nothing but bracken and rushes,
and the old woman's eyes are closed,
and a film has come over their merriment.

A GEO IN THE SUN'S SHELTER

There is peace in the bay tonight, and the tide swings past the
headland; foam on the hidden rock, wave-lapping at the cliff, the
distant wave cries, and the seas go coursing swiftly, but this sea is at
rest, with no boat at harbour,

where it dug out a quiet pool with the un-ease of days past, a geo in
the sun's shelter, its pebbles unstained, where the white years of the
moon might pass beyond it, lunatic, unresting, desirelessly seeking a
haven.

The salmon left the sea when this quiet bay was made, seeking the
fresh river — if one moved a stone the quicksilver lightning-flash of
wisdom and knowledge would tear the still crystal water of the
ducks and the scarts.

"Is feuch an tadhail thu dhomhsa,"
thuirt a' chailleach, "ga b'ann le meòirean,
's thoir thugam boinne de'n uisge chruaidh sin
a bheir rudhadh gu m' ghruaidhean?"
Lorg mi an tobar air éiginn
's ged nach b'ise bu mhotha feum air
's ann thuice a thug mi 'n eudail.

Dh' fhaodadh nach eil anns an tobar
ach nì a chunnaic mi 'm bruadar,
oir nuair chaidh mi an diugh g'a shireadh
cha d'fhuair mi ach raineach is luachair,
's tha sùilean na caillich dùinte
's tha lì air tighinn air an luathghair.

GEODHA AIR CHUL NA GREINE

Tha fèath air a' bhàgh a-nochd, 's an sruth dol thar na maoile,
cobhar air a' chreig bhàite, is falpanaich air stalla,
gàir aig an tonn tha fad ás, is siubhal dian aig na cuantan,
ach tha 'n cuan tha so 'na thàmh gun bhàt' aig cala,

far na chladhaich e linne rèidh le an-shocair nan làithean,
geodha air chùl na gréine, 's a mhol gun ghrùid,
far an rachadh bliadhnachan geal na gealaich seachad siar air,
air chuthach, gun iaradh, a' sireadh ceann-uidhe gun ùidh.

Thréig am bradan an cuan ann an linn a' bhàigh chiùin so,
a' lorg na h-aibhne òig ud, 's nan gluaiste clach
reubadh beithir airgeadach beò a' ghliocais 's an eòlais
uisgeachan balbha criostail nan sgarbh 's nan lach.

At a rock here on the shore the women awaited the return of the small fishing-boats in storm; often losing treasure of sea and treasure of bosom, and feeling the red taste of the salmon salt on their lips.

Often standing watching the sea where their share was lost, and sitting in houses where their kin had died, did they make a bay that longing and hurting could by-pass, where the root of the darling dulse could keep its hold.

Though desire for dulse might for a time entice one, the shining salmon lies in dark repose, and if I quickly thrust where he lies hidden, the water, churned, will leave its rings of peace.

BETWEEN SUMMER AND AUTUMN

Up from the sea, in a lonely hollow,
is a patch of grass where the shoots were bruised
on a summer's day I can never forget;
but when I garner both grass and corn,
autumn stays not for me in the stacks,
nor will summer return though I will it so.

The sea lay below me, white and red,
white-skinned wave-crest and dark-blue trough,
receding and nearing,
joy with its breath held,
swelling and breaking,

Tha leac an so air an tràigh
             far am biodh na mnathan a' feitheamh
nan eathraichean beaga iasgaich nuair thigeadh sian;
is tric a bha ulaidh a' chridhe is ulaidh a' chuain ás an aonais,
is a gheibheadh iad blas dearg a' bhradain searbh air am bial.

Gu tric 'nan seasamh a' coimhead na mara
             far na chailleadh an cuid,
's 'nan suidh anns na tighean san d'fhuair an daoine bàs,
an do rinn iad bàgh air an rachadh
             an iargain 's an ciùrradh seachad,
's am fuiricheadh friamh an duilisg luraich an sàs.

Ach ged bheireadh miann an duilisg duine a thaobh car ùine,
tha 'm bradan lainnireach sìnt' fo shàmhchar dorch,
is ma bheir mi an sgobadh sin air an àit sam bì e
bidh maistreadh fairg ann, is cearcaill sìth 'na lorg.

EADAR SAMHRADH IS FOGHAR

Os cionn na mara, an lagan uaigneach,
tha glasach far an deach feur a dhochann
air latha samhraidh nach fhalbh ás m' inntinn;
ach nuair ni mi cnuasachd air feur 's air fochann
chan fhan am foghar dhomh anns na cruachan,
's cha till an samhradh a dh' aindeoin m' innleachd.

Bha am muir fodham, gach geal 's gach dearg dhith,
gach sumainn tonn-gheal 's gach claisean dùbhghorm,
teicheadh is dlùthadh,
aoibhneas is anail air mhùchadh,
ag at 's a' briseadh,

with healing in its hurting;
and I grasped a moment
to think of the mutability
that lay below me,
and to think of the constancy
that I see now I utterly lacked.

I am thinking now of the colour of the sun,
and the colour of the grass,
and the blood-red colour of your lips,
and the colour of the hope that I was seeking,
and the colour of the sky above Islay,
and the colour of eternity lying there.

WHEN THIS FINE SNOW IS FALLING

When this fine snow is falling,
climbing quietly to the windows,
dancing on air-currents,
piling itself up against walls
in lovely drifts,
while my son leaps with joy,
I see in his eyes the elation
that every winter brought to my people:
the reflection of snow in my father's eyes,
and my grandfather as a boy snaring starlings.

And I see, through the window of this snowdrift,
and in the glass that dancingly reflects it,
the hill-pass cutting through the generations
that lie between me, on the scree,
and my ancestors, out on the shieling,
herding milk-cows and drinking buttermilk.

is slàinte 'na chiùrradh;
is ghlac mi tiota
gu smuain thoirt air a' chaochlaidheachd
bha sìnte fodham,
is air an t-seasmhachd
a chì mi 'n diugh a bha mi uile dh' easbhaidh.

Mi smuaineachadh air dath na gréine,
is dath an fheòir,
is dath na fala a bh' air do bhilean,
is dath an dòchais a bha mi sireadh,
is dath an adhair os cionn Ile,
is dath na sìorraidheachd 's i 'n sin 'na sìneadh.

TROIMH UINNEIG A' CHITHE

Nuair tha 'n sneachda mìn so a' tuiteam,
a' streap gu sàmhach ris na h-uinneagan,
a' mirean air sruthan na h-iarmailt,
ga chàrnadh fhéin ri gàrraidhean
'na chithean sàr-mhaiseach,
is mo mhac 'na leum le aoibhneas,
chì mi 'na shùilean-san greadhnachas gach geamhradh
a thainig a riamh air mo dhaoine:
faileas an t-sneachda an sùilean m' athar,
's mo sheanair 'na bhalach a' ribeadh dhideigean.

Is chì troimh uinneig a' chithe so,
's anns an sgàthan tha mire ris,
am bealach tha bearradh nan linntean
eadar mise, 's mi falbh nan sgàirneach,
agus mo shinnsran, a-muigh air àirigh,
a' buachailleachd chruidh-bainne 's ag òl a' bhlàthaich.

I see their houses and fields reflected
on the lonely horizon,
and that is part of my heritage.

When their boyhood came to an end
they strove with the land, and ploughed the sea
with the strength of their shoulders,
and worshipped, sometimes;
I spend their strength, for the most part,
ploughing in the sand.

THE HERRING GIRLS

Their laughter like a sprinkling of salt
showered from their lips,
brine and pickle on their tongues,
and the stubby short fingers that could handle fish,
or lift a child gently, neatly,
safely, wholesomely,
unerringly,
and the eyes that were as deep as a calm.

The topsy-turvy of history had made them
slaves to short-arsed curers,
here and there in the Lowlands, in England.
Salt the reward they won
from those thousands of barrels,
the sea-wind sharp on their skins,
and the burden of poverty in their kists,
and were it not for their laughter
you might think the harp-string was broken.

Chì mi faileas an tighean 's am buailtean
air fàire an uaigneis,
's tha sud mar phàirt de mo dhualchas.

Iadsan a' fàgail staid a' bhalaich,
's a' strì ri fearann, 's a' treabhadh na mara
le neart an guaillibh,
's ag adhradh, air uairibh;
is mise caitheamh an spionnaidh, ach ainneamh,
a' treabhadh ann an gainneamh.

CLANN-NIGHEAN AN SGADAIN

An gàire mar chraiteachan salainn
ga fhroiseadh bho 'm bial,
an sàl 's am picil air an teanga,
's na miaran cruinne, goirid a dheanadh giullachd,
no a thogadh leanabh gu socair, cuimir,
seasgair, fallain,
gun mhearachd,
's na sùilean cho domhainn ri fèath.

B'e bun-os-cionn na h-eachdraidh a dh' fhàg iad
'nan tràillean aig ciùrairean cutach,
thall 's a-bhos air Galldachd 's an Sasainn.
Bu shaillte an duais a thàrr iad
ás na mìltean bharaillean ud,
gaoth na mara geur air an craiceann,
is eallach a' bhochdainn 'nan ciste,
is mara b'e an gàire
shaoileadh tu gu robh an teud briste.

But there was a sprinkling of pride on their hearts,
keeping them sound,
and their tongues' gutting-knife
would tear a strip from the Lowlanders' mockery —
and there was work awaiting them
when they got home,
though they had no wealth:
on a wild winter's night,
if that were their lot,
they would make men.

STRATHNAVER

In that blue-black sky,
as high above us as eternity,
a star was winking at us,
answering the leaping flames of fire
in the rafters of my father's house,
that year we thatched the house with snowflakes.

And that too was the year
they hauled the old woman out on to the dung-heap,
to demonstrate how knowledgeable they were in Scripture,
for the birds of the air had nests
(and the sheep had folds)
though she had no place in which to lay down her head.

O Strathnaver and Strath of Kildonan,
it is little wonder that the heather should bloom on your slopes,
hiding the wounds that Patrick Sellar, and such as he, made,
just as time and time again I have seen a pious woman
who had suffered the sorrow of this world,
with the peace of God shining from her eyes.

Ach bha craiteachan uaille air an cridhe,
ga chumail fallain,
is bheireadh cutag an teanga
slisinn á fanaid nan Gall —
agus bha obair rompa fhathast
nuair gheibheadh iad dhachaidh,
ged nach biodh maoin ac':
air oidhche robach gheamhraidh,
ma bha sud an dàn dhaibh,
dheanadh iad daoine.

SRATH NABHAIR

Anns an adhar dhubh-ghorm ud,
àirde na sìorraidheachd os ar cionn,
bha rionnag a' priobadh ruinn
's i freagairt mireadh an teine
ann an cabair tigh m' athar
a' bhliadhna thugh sinn an taigh le bleideagan sneachda.

Agus sud a' bhliadhna cuideachd
a shlaod iad a' chailleach do 'n t-sitig,
a shealltainn cho eòlach 's a bha iad air an Fhìrinn,
oir bha nid aig eunlaith an adhair
(agus cròthan aig na caoraich)
ged nach robh àit aice-se anns an cuireadh i a ceann fòidhpe.

A Shrath Nabhair 's a Shrath Chill Donnain,
is beag an t-iongnadh ged a chinneadh am fraoch àlainn oirbh,
a' falach nan lotan a dh' fhàg Pàdraig Sellar 's a sheòrsa,
mar a chunnaic mi uair is uair boireannach cràbhaidh
a dh' fhiosraich dòrainn an t-saoghail-sa
is sìth Dhé 'na sùilean.

SHEEP

In the still morning the surface of the land was flat,
the wind had died down, its rumbling and thrusting
drowned under the whiteness, each snowflake at rest,
set in its soft fabric like a white blanket.
We had lost the sheep that were out on the moor
when that storm unloaded its burden,
and we spent the morning desperately seeking them.

A storm came over my country,
of fine, deadly, smothering snow:
though it is white, do not believe in its whiteness,
do not set your trust in a shroud;
my heart would rejoice
were I to see on that white plain a yellow spot,
and understand that the breath of the Gael
                      was coming to the surface.

COFFINS

A tall thin man
with a short beard,
and a plane in his hand:
whenever I pass
a joiner's shop in the city,
and the scent of sawdust comes to my mind,
memories return of that place,
with the coffins,
the hammers and nails,
saws and chisels,
and my grandfather, bent,
planing shavings
from a thin, bare plank.

ANNS A' BHALBH MHADAINN

Anns a' bhalbh mhadainn bha clàr an fhuinn còmhnard,
bha a' ghaoth aig fois, a strannraich 's a sitheadh
bàthte fo'n ghilead, gach bleideag 'na tàmh,
càiricht san fhighe mhìn ud mar gheal phlaide.
Chaill sinn na caoraich bha muigh air mòintich
nuair thaom an stoirm ud a-nuas 'eallach,
is thug sinn a' mhadainn gan dian shireadh.

Thainig stoirm air mo dhùthaich,
sneachda mìn, marbhteach, mùchaidh:
ge geal e, na creid 'na ghilead,
na cuir t'earbs ann an anart;
dheanadh mo chridhe iollach
nam faicinn air a' chlàr bhàn sin ball buidhe
's gun tuiginn gu robh anail a' Ghaidheil
                                    a' tighinn am mullach.

CISTEACHAN-LAIGHE

Duin' àrd, tana
's fiasag bheag air,
's locair 'na làimh:
gach uair theid mi seachad
air bùth-shaoirsneachd sa' bhaile,
's a thig gu mo chuimhne faileadh na min-sàibh,
thig gu mo chuimhne cuimhne an àit ud,
le na cisteachan-laighe,
na h-ùird 's na tairgean,
na sàibh 's na sgeilbean,
is mo sheanair crom,
is sliseag bho shliseag ga locradh
bho'n bhòrd thana lom.

Before I knew what death was;
or had any notion, a glimmering
of the darkness, a whisper of the stillness.
And when I stood at his grave,
on a cold Spring day, not a thought
came to me of the coffins
he made for others:
I merely wanted home
where there would be talk, and tea, and warmth.

And in the other school also,
where the joiners of the mind were planing,
I never noticed the coffins,
though they were sitting all round me;
I did not recognise the English braid,
the Lowland varnish being applied to the wood,
I did not read the words on the brass,
I did not understand that my race was dying.
Until the cold wind of this Spring came
to plane the heart;
until I felt the nails piercing me,
and neither tea nor talk will heal the pain.

CLOUDS

A waxed bandage for my eyes
so that I may not see there
how you have changed, dark brown island
that I have missed so long.

Mus robh fhios agam dé bh' ann bàs;
beachd, bloigh fios, boillsgeadh
de'n dorchadas, fathann de'n t-sàmhchair.
'S nuair a sheas mi aig uaigh,
là fuar Earraich, cha dainig smuain
thugam air na cisteachan-laighe
a rinn esan do chàch:
'sann a bha mi 'g iarraidh dhachaidh,
far am biodh còmhradh, is tea, is blàths.

Is anns an sgoil eile cuideachd,
san robh saoir na h-inntinn a' locradh,
cha tug mi 'n aire do na cisteachan-laighe,
ged a bha iad 'nan suidhe mun cuairt orm;
cha do dh' aithnich mi 'm bréid Beurla,
an lìomh Gallda bha dol air an fhiodh,
cha do leugh mi na facail air a' phràis,
cha do thuig mi gu robh mo chinneadh a' dol bàs.
Gus an dainig gaoth fhuar an Earraich-sa
a locradh a' chridhe;
gus na dh' fhairich mi na tairgean a' dol tromham,
's cha shlànaich tea no còmhradh an cràdh.

SGOTHAN

Brat ciartha air mo shùil
air chor 's nach fhaic mi bhuam
do chaochladh, eilein chiar,
is m' iargain ort cho buan.

Though I left you without a thought
in the haste and laughter of youth,
my eyes on a far horizon
and my steps pressing on to reach it,

the horizon was only the cloud-foot,
cloud on cloud hid the light
of the sun on the sea I desired,
while the phosphor flickered in my heart.

Cloud piled up upon cloud,
tricking me every day,
the Barvas Hills before me,
and Mèalaiseal under blue haze.

Little Mùirneag across the loch,
I thought I could touch it with an oar,
the Silver Mound to the south —
no need for me to feel sad.

Bayble Hill here beside me,
and Hòl crouching to the north —
but I have strayed from them on my rope
as far as love can go from hate.

I LOST MY HEART TO YOU

I lost my heart to you at the start of May,
your thighs were warm,
firm and smooth, and though you were a maid
your breasts were full,
beautiful beneath green satin;

Ged dh' fhalbh mi uat gun smuain
le braise 's gàir na h-òig,
mo shùil air fàire chian
's mo cheuman dian 'na tòir,

cha robh 'n fhàir' ach 'na bun-sgòth,
sgòth air sgòth a' mùchadh lì
na gréin air muir mo mhiann,
's a' chaile-bianain 'na mo chrìdh.

Sgòth air sgòth ga càrnadh suas,
toirt a' char asam gach là,
Beanntan Bharbhais air mo bhialaibh,
's Mèalaiseal fo ghorm bhlàth.

Mùirneag bheag taobh thall an loch
mar gu ruiginn oirr' le ràmh,
Sìthean an Airgid gu deas —
cha leig mi leas a bhith fo phràmh.

Beinn Phabail an so ri m' thaobh,
is Hòl 'na chrùban gu tuath —
ach chaidh mise bhuap air taod
cho fada 's a théid gaol bho fhuath.

CHAILL MI MO CHRIDHE RIUT

Chaill mi mo chridhe riut ann an toiseach Màigh,
bha do shliasaid blàth,
teann, mìn, 's ged a b' òigh thu
bha do chìochan làn,
bòidheach fo 'n t-sròl uaine;

and in the lambs' month June
I lay upon you
and you were not defiled;
and when July came
the buds of the plants burst open
and bloom came on the cotton grass;
but then came anxiety
and tears on cheeks,
and before I knew what to say
a brown tint spread over the bracken,
and I could not say — I had not the heart to do it —
that I had lost the smooth silk of the cotton grass.

I GOT THE FEEL OF YOU WITH MY FEET

I got the feel of you with my feet
in early summer;
my mind here in the city
strives to know, but the shoes come between us.
The child's way is difficult to forget:
he rubs himself against his mother
till he finds peace.
I felt the rough side of you and the smooth
and was none the worse of it,
the two sides of the grass and two grips on the barley,
peat-fibre and moss,
and since the world we knew
follows us as far as we go
I need not wash away that mud
from between the boy's toes.
And now, in middle age,
I am going in to warm myself,
with my bare feet on a peat beside the hearth.

agus ann an Og-mhìos nan uan
laigh mi air t'uachdar,
's cha robh thu air do thruailleadh;
is an uair a thàinig Iuchar
dh'fhaoisgneadh na lusan
is thàinig blàth air a' chanach;
ach thàinig an sin am bruaillean
is fras air na gruaidhean
is mas robh fhios agam dé chanainn
thàinig an lìth donn air a raineach,
's cha robh a chridh agam na chanadh
gun do chaill mi sìoda mìn a' chanaich.

DH'FHAIRICH MI THU LE MO CHASAN

Dh'fhairich mi thu le mo chasan
ann an toiseach an t-samhraidh;
m'inntinn an so anns a' bhaile
a' strì ri tuigse, 's na brògan a' tighinn eadarainn.
Tha dòigh an leanaibh duilich a thréigsinn:
e ga shuathadh fhéin ri mhàthair
gus a faigh e fois.
Dh'fhairich mi taobh an ascaoin dhìot 's an taobh caoin
's cha bu mhisde,
dà thaobh an fheòir is dà ghréim air an eòrna,
riasg is còinneach,
is bhon a tha an saoghal a bh'againn
a' leantainn ruinn chon a' cheum as fhaide
chan fhiach dhomh am poll sin a ghlanadh
tha eadar òrdagan a' bhalaich.
Agus a nis aig meadhon latha
tha mi dol a-steach gha mo gharadh,
le mo chasan-rùisgte air fàd ri taobh na cagailt.

SWEETHEART OF MY YOUTH

How far have I fallen from you, sweetheart of my youth:
with your brown hair and your dark eyes,
each mound and hollow that I did not know, did not feel,
Mùirneag in early June,
and Mèalaiseal and Swordale Moor,
and Loch nan Ruigheannan with its arms
clasped round me.
The Norse Stone shattered before I left,
and that world in shards about my feet.

"WATER AND PEATS AND OATS"

"Water and peats and oats" —
a word in a stranger's mouth,
in the throng of the town,
in the town of the strangers.
Madness! The foolish heart
lapping along these ancient rocks
as though there were no sea-journey in the world
but that one.
The heart tied to a tethering-post, round upon round of the rope,
till it grows short,
and the mind free.
I bought its freedom dearly.

LEANNAN M'OIGE

Cia fhaide thuit mi bhuat, a leannain m'òige?
le do chuailean donn 's do shùilean dorcha,
gach lag is bràigh nach do dh'fhidir mi, nach do dh'fhairich mi,
Mùirneag an toiseach Og-mhìos,
is Mèalaiseal is Mòinteach Shuardail,
is Loch nan Ruigheannan a' snìomh
a ghàirdeanan mu mo chom.
Clach Steinn 'na bloighean mas do dh'fhalbh mi
's an saoghal ud 'na phristealan mu mo chasan.

"BURN IS MOINE 'S COIRC"

"Bùrn is mòine 's coirc" —
facal am bial strainnseir,
ann an dùmhlachd a' bhaile,
ann am baile nan strainnsear.
Boile! An cridhe gòrach
a' falpanaich mu na seann stallachan ud
mar nach robh slighe-cuain ann
ach i.
An cridhe ri bacan, car ma char aig an fheist
's i fàs goirid,
's an inntinn saor.
Is daor a cheannaich mi a saorsa.

THE SCARECROW

That night
the scarecrow came into the ceilidh-house:
a tall, thin black-haired man
wearing black clothes.
He sat on the bench
and the cards fell from our hands.
One man
was telling a folktale about Conall Gulban
and the words froze on his lips.
A woman was sitting on a stool,
singing songs, and he took the goodness out of the music.
But he did not leave us empty-handed:
he gave us a new song,
and tales from the Middle East,
and fragments of the philosophy of Geneva,
and he swept the fire from the centre of the floor,
and set a searing bonfire in our breasts.

ALTHOUGH CALVIN CAME

Although Calvin came
he did not steal that love out of your heart:
you loved
the tawny moor, and suffered pain
when that land and the flower were taken from you,
and a coffinful of songs was laid in the earth.

AM BODACH-ROCAIS

An oidhch' ud
thàinig am bodach-ròcais dh'an taigh-chéilidh:
fear caol àrd dubh
is aodach dubh air.
Shuidh e air an t-séis
is thuit na cairtean ás ar làmhan.
Bha fear a sud
ag innse sgeulachd air Conall Gulban
is reodh na faclan air a bhilean.
Bha boireannach 'na suidh' air stòl
ag òran, 's thug e 'n toradh ás a' cheòl.
Ach cha do dh'fhàg e falamh sinn:
thug e òran nuadh dhuinn,
is sgeulachdan na h-àird an Ear,
is sprùilleach de dh'fheallsanachd Geneva,
is sguab e 'n teine á meadhon an làir
's chuir e 'n tùrlach loisgeach nar broillichean.

GED A THAINIG CALVIN

Ged a thàinig Calvin
cha do ghoid e 'n gaol sin ás do chridhe:
thug thu gràdh
do'n mhòintich lachdainn, agus fhuair thu cràdh
nuair thugadh bhuat am fonn sin is am flùr,
's nuair chuireadh cist nan òran anns an ùir.

COTRIONA MHOR

Your picture is at the back of my mind
undimmed,
steady, set
among the broken images,
amid the movements,
untouched by age except the age you were,
the great round of the face like a clock stopped
on a Spring morning,
keeping me to the village time
with that wisdom
that flourished without books,
with the fun, the cleverness-with-words
that leapt from the heart of the race
before it was encased,
before it had the new valve in it
to keep it going in the new world.
That is the key to my museum,
the record on which I play my folklore,
the trowel with which I turn the ground
of the age that is now gone,
the image that keeps control
                              over false images.

COTRIONA MHOR

Tha do dhealbh ann an cùl m' inntinn
gun sgleò air,
daingeann, suidhichte
a-measg nan ìomhaighean briste,
a-measg a luasgain,
gun aois a' laigh air ach an aois a bhà thu,
clàr mór an aodainn mar chloc air stad
air madainn Earraich,
gam chur ri uair a' bhaile
leis a' ghliocas sin
nach robh an eisimeil leabhraichean,
leis an àbhachdas, leis a' ghearradh-cainnt
a bha a' leum á cridhe a' chinnidh
mus deach a chéiseadh,
mus deach a valve ùr ann
a chumadh ag obair e anns an t-saoghal ùr.
Sud iuchair mo mhuseum,
an clàr air an cluich mi mo bhial-aithris,
an spaid-bheag leis an dùisg mi fonn
na linne a tha nise seachad,
an ìomhaigh tha cumail smachd
                    air na h-ìomhaighean-bréige.

Iain
Crichton
Smith

YOUNG GIRL

Young girl that walks
with straight back along the street,
there are baskets of flowers in my breast,
my table is furnished with your laughter.

A woman will say to me, "There is pride in her walk",
but I will answer properly,
"Is there pride in the sun in the sky?
Is there jealousy between stone and gold?"

And when a storm goes past
in its own world of wind and rain
will you say "Pride and arrogance!" to it
that turns forests upside down?

Will you disparage the diamond for its glitter
or the sea for its calm radiance?
There is a white vessel among the ships,
among the black hats there is a crown.

YOU ARE AT THE BOTTOM OF MY MIND

Without my knowing it you are at the bottom of my mind
like a visitor to the bottom of the sea
with his helmet and his two large eyes
and I do not rightly know your appearance or your manner
after five years of showers
of time pouring between me and you:

Iain
Mac a'
Ghobhainn

A NIGHEAN OG

A nighean òg a dh'fhalbhas
le druim dìreach air an t-sràid,
tha bascaidean dhìtheanan 'nam bhroilleach,
tha mo bhòrd deasaicht' le do ghàir.

Canaidh té rium, "Tha pròis 'na coiseachd":
ach freagraidh mise mar as còir,
"Eil pròis anns a' ghréin san adhar?
Eil farmad eadar a' chlach 's an t-òr?"

Is nuair a ghabhas stoirm seachad
'na shaoghal fhéin le uisg is gaoith
an can thu "Pròis is àrdan" ris
a chuireas coilltean bun-os-cionn?

An càin thu daoimean airson lasair
no 'n cuan airson a lainnir chiùin?
Tha soitheach gheal am measg nam bàta
's am measg nan adan dubh' tha crùn.

THA THU AIR AIGEANN M'INNTINN

Gun fhios dhomh tha thu air aigeann m'inntinn
mar fhear-tadhail grunnd na mara
le chlogaid 's a dhà shùil mhóir
's chan aithne dhomh ceart d' fhiamh no do dhòigh
an déidh cóig bliadhna shiantan
tìme dòrtadh eadar mise 's tù:

nameless mountains of water pouring
between me hauling you on board
and your appearance and manner in my weak hands.
You went astray
among the mysterious plants of the sea-bed
in the green half-light without love,

and you will never rise to the surface
though my hands are hauling ceaselessly
and I do not know your way at all,
you in the half-light of your sleep
haunting the bed of the sea without ceasing
and I hauling and hauling on the surface.

AT THE CEMETERY

I saw them yesterday at the cemetery
wearing black hats, while a sun was rising,
a glowing of flowers about their feet
and one wearing a salt shirt.

Glitter of the sea, sun singing,
pouring of grass, steadiness of mountains,
mortal conversation of black hats,
poetry of summer topsy-turvy.

A long wide day on the horizon,
a Bible burning in the hands
of wind and sun, and a sea falling
like an empty dress on that shore.

beanntan bùirn gun ainm a' dòrtadh
eadar mise 'gad shlaodadh air bòrd
's d' fhiamh 's do dhòighean 'nam làmhan fann.
Chaidh thu air chall
am measg lusan dìomhair a' ghrunna
anns an leth-sholus uaine gun ghràdh,

's chan éirich thu chaoidh air bhàrr cuain
a chaoidh 's mo làmhan a' slaodadh gun sgur
's chan aithne dhomh do shlighe idir,
thus' ann an leth-sholus do shuain
a' tathaich aigeann na mara gun tàmh
's mise slaodadh 's a' slaodadh air uachdar cuain.

AIG A' CHLADH

Chunna mi aig a' chladh an dé iad,
le adan dubh orr' 's grian ag éirigh,
deàrrsadh dhìtheanan mu'n casan,
is fear a' caitheamh searbh-léine.

Lasair an adhair, cuan a' seinn,
dòrtadh fheur, is seasmhachd bheann,
còmhradh bàsmhor adan dorcha,
bàrdachd samhraidh bun-os-cionn.

Latha farsaing fad' air fàire,
Bìobull a' losgadh ann an làmhan
gaoithe 's gréine, 's cuan a' tuiteam
mar dheise fhalamh air an tràigh ud.

But he is now where he is,
my neighbour lying under the bee
that is humming among sweet flowers.
It was Death that killed him and not the bullet.

Sun pouring, sea pouring,
black hats darkly sailing
on a sea of roses as there sail
poor words on a full tide of music.

THE OLD WOMAN

Tonight she is sitting by a window
and the street a Bible under her gaze.
The curtains have received many washings.
There is a glitter from the flowered floor.

The world was once without shape,
men and women like a red fever
moving about flesh and mind,
nostrils tasting love and rage.

Moon and sun in the sky,
hand like a salmon leaping to hand,
the fish of the world in a net,
pain that would not let the heart rest.

And everything was put in order,
table in its place, chair in its place,
this room is the mirror of her thoughts,
armoury from which no growing music will come.

'S tha esan a nise far a bheil e,
mo nàbaidh 'na laighe fo 'n t-seillean
a' crònan am measg dhìthean milis.
B'e 'm bàs a thug bàs dha 's cha b'e 'm peileir.

Is grian a' dòrtadh, cuan a' dòrtadh,
adan dubh' gu dorch a' seòladh
air cuan ròsan mar a dh'fhalbhas
facail bhochd' air làn na ceòlraidh.

A' CHAILLEACH

Tha i an nochd 'na suidhe ri uinneig
's an t-sràid 'na Bhìobull fo a sùilean.
Fhuair na cùirtearan iomadh nighe.
Tha lainnir ás an làr chraobhach.

Bha an saoghal uaireigin gun chruth,
fir is mnathan mar fhiabhras dearg
a' falbh air feadh feòla 's inntinn,
cuinnlean a' blasadh gaol is fearg.

Gealach is grian anns an adhar,
làmh mar bhradan a' leum ri làimh,
iasg an t-saoghail ann an lìon,
pian nach fhàgadh broilleach 'na thàmh.

Ach chaidh gach nì a chur an òrdugh,
bòrd 'na àite, cathair 'na h-àite,
'se 'n rùm-sa sgàthan a cuid smaointean,
armachd ás nach tig ceòl fàsmhor.

For the music that will harmonise it
is youth itself that will never return.
Her eye is sweeping the streets.
Time is crouching in the window.

GOING HOME

Tomorrow I shall go home to my island
trying to put a world into forgetfulness.
I will lift a fistful of its earth in my hands
or I will sit on a hillock of the mind
watching "the shepherd at his sheep".

There will arise (I presume) a thrush.
A dawn or two will break.
There will be a boat lying in the glitter
of the western sun: and water running
through the world of similes of my intelligence.

But I will be thinking (in spite of that)
of the great fire at the back of our thoughts,
Nagasaki and Hiroshima,
and I will hear in a room by myself
a ghost or two ceaselessly moving,

the ghost of each error, the ghost of each guilt,
the ghost of each time I walked past
a wounded man on a stony road,
the ghost of nothingness scrutinising
my dumb room with distant face,

Oir 'se 'n ceòl a sheinneas e ri chéile
an òige fhéin nach till tuilleadh.
Tha a sùil a' sguabadh nan sràidean,
tha tìm 'na chrùban anns an uinneig.

A' DOL DHACHAIDH

Am màireach théid mi dhachaidh do m'eilean
a' fiachainn ri saoghal a chur an dìochuimhn'.
Togaidh mi dòrn de fhearann 'nam làmhan
no suidhidh mi air tulach inntinn
a' coimhead "a' bhuachaill aig an spréidh".

Dìridh (tha mi smaointinn) smeòrach.
Eiridh camhanaich no dhà.
Bidh bàt' 'na laighe ann an deàrrsadh
na gréin iarail: 's bùrn a' ruith
troimh shaoghal shamhlaidhean mo thùir.

Ach bidh mi smaointinn (dh'aindeoin sin)
air an teine mhòr th'air cùl ar smuain,
Nagasàki 's Hiroshìma,
is cluinnidh mi ann an rùm leam fhìn
taibhs' no dhà a' sìor-ghluasad,

taibhs' gach mearachd, taibhs' gach cionta,
taibhs' gach uair a ghabh mi seachad
air fear leòint' air rathad clachach,
taibhs' an neonitheachd a' sgrùdadh
mo sheòmar balbh le aodann céin,

till the island becomes an ark
rising and falling on a great sea
and I not knowing whether the dove will return
and men talking and talking to each other
and the rainbow of forgiveness in their tears.

OBAN

1

The rain is penetrating Oban,
and the circus has gone home.
The lions and wildcats
and the other beasts (we have no Gaelic
for them) have gone home
through the papers and advertisements.
The seats are emptying
at the mouth of the shore, in front of the houses,
in front of the pub — rain falling
through the midst of the heavy salt of the sea.

2

Shall I raise a town of paper?
With coloured lions on the wall?
With great fierce tigers,
and the wheel of music spinning?

Shall I raise a sky of paper?
Clouds of paper, white lights?
Shall I make myself into paper,
with my verses being cut on paper?

gu'm bi an t-eilean mar an àirc
'g éirigh 's a' laighe air cuan mór
's gun fhios an till an calman tuilleadh
's daoine a' bruidhinn 's a' bruidhinn ri chéile
's bogha-froise maitheanais 'nan deuran.

AN T-OBAN

1

Tha an t-uisg a' drùdhadh air an Oban,
's an sarcas air falbh dhachaidh.
Na leómhannan 's na cait-fhiadhaich
's na beathaichean eile (chan eil Gàidhlig againn
air an son-san), dh'fhalbh iad dhachaidh
troimh na pàipearan, sanasan-reice.
Tha na seataichean a' fàs falamh
aig beul na tràghad, beul nan tighean,
beul an tigh-òsda — uisg a' tuiteam
troimh mheadhon sàl trom na mara.

2

An tog mi baile de phàipear?
Le leómhannan dathte air a' bhalla?
Le tigearan móra borba,
's cuibhl' a' chiùil a' cur char dhith?

An tog mi adhar de phàipear?
Sgòthan pàipeir, soluis gheala?
An tog mi mi fhìn de phàipear,
's air pàipear na rainn 'gan gearradh?

3

Tonight the sea is like an advertisement,
book after book shining.
My shadow is running down to the sea.
My skin is red and green.

Who wrote me? Who is making a poetry
of advertisements from my bones?
I will raise my blue fist to them:
"A stout Highlander with his language."

4

The circus has gone home.
They have swept the sawdust away.
The pictures of beasts have gone.
The rain is falling on the bay.

The wheel has gone off by itself.
The season is now over.
The lion is running through sunlight.
He has left the rain behind his feet.

5

The big bell began to peal.
The church has been opened.
I sat down inside it in my mind
and saw on the window,
instead of Nazareth and Christ,
worn earth and sawdust,
a lion moving in the explosive
circle of Palestine without cease.

3

Tha am muir an nochd mar shanas-reice,
leabhar an déidh leabhair a' deàlradh.
Tha m' fhaileas a' ruith sìos do'n chuan.
Tha mo chraiceann dearg is uaine.

Có sgrìobh mi? Có tha dèanamh bàrdachd
shanas-reice de mo chnàmhan?
Togaidh mi mo dhòrn gorm riutha:
"Gàidheal calma le a chànan.'

4

Dh'fhalbh an sarcas dhachaidh.
Sguab iad a' mhin-shàibh air falbh.
Dh'fhalbh dealbhan nam biasdan.
Tha 'n t-uisg a' tuiteam air a' bhàgh.

Dh'fhalbh a' chuibhle leatha fhéin.
Tha an seuson a nis seachad.
Tha an leómhann a' ruith troimh 'n ghréin.
Dh'fhàg e an t-uisg air cùl a chasan.

5

Thòisich an clag mór a' bualadh.
Tha an eaglais air a fosgladh.
Shuidh mi sìos innte 'nam inntinn
's chunna mi air an uinneig,
an àite Nàzareth 's an Crìosdaidh,
talamh caithte is min-shàibh,
leómhann a' falbh air buaile
spreadhte Phalestine gun tàmh.

TWO SONGS FOR A NEW CEILIDH

When she took the great sea on her
Lewis went away and did not return.
It was not necessary for me to sail
away off to far Australia.

Our Hiroshima is round about me
and Pasternak's book in my hand —
I'll not drink a draught from the spring
of the healthy deer of May

but from water full of eels
electric and shivering on my flesh,
like Venus bursting through the brain
and dark green of the clouds.

But it was the fine bareness of Lewis
that made the work of my head
like a loom full of the music
of the miracles and nobility of our time.

*

"Go to London," they said to me.
"In the great city you will make songs
from the sore hard light of your breast."
And I strove with myself for many years

thinking of those streets,
men with sharp power in their gaze,
and illuminated glittering taxis
lighting the windows of my mind.

DA ORAN AIRSON CEILIDH UIR

Nuair a thug i 'n cuan mór oirr'
dh'fhalbh Leódhas 's cha till.
Cha b' fheudar dhòmhsa dhol a sheòladh
gu "Astràilia a null",

ach tha Hiroshìma mun cuairt orm
's leabhar Phasternak 'na mo làimh —
chan òl mi deoch-shlàint' á fuaran
féidh fhallain na Màigh

ach á bùrn loma-làn de easgainn
electric chritheach air m'fheòil
mar Venus a' briseadh troimh eanchainn
's dorch-uaine na neòil.

Ach 'se lomnochd ghrinn Leódhais
a rinn obair mo chinn
mar bheart làn de cheòlraidh
mhìorbhail 's mhórachd ar linn.

★

"Thoir Lunnainn ort," thubhairt iad rium.
"Anns a' bhaile mhór nì thu ceòl
à solus goirt cruaidh do chuim."
'S bha mi strì rium fhìn bliadhnachan mór'

a' smaoineachadh air na sràidean ud,
daoine le cumhachd geur 'nan gnùis,
is tagsaidh shoillseach dheàlrach
a' lasradh uinneagan mo thùir.

But tonight sitting by the fire
and the hills between me and the sky
listening to the empty silence
and seeing the deer come to my call

I am thinking of another man
who spoke the words that are true:
"Look directly down through wood and wood.
Look in your own heart and write."

TO DERICK THOMSON
Selection

We were reared in Bayble together.
There are many many years since then.
There were ghosts at the end of the dyke,
heather on Hol, and the stone about it.

And an owl in the wave,
and a wind shaking Mairi Ruairidh
and the hen being blown toward the moorland.
At the end of our fingers was the dream.

But the wind has taken Lower Bayble.
The boats are homing in a hurry
to a fallow land and barbarous corn.
What is that cloud with the frown on it?

What is that cloud about Muirneag?
What is that Bible opening
and the leaves with rain and wind on them?
What is that shade tormenting me?

Ach an nochd an so ris an teine
's na cnuic eadar mi fhìn 's an speur
's mi 'g éisdeachd ris an t-sàmhachd fhalamh
's a' faicinn nam fiadh a' tighinn gu m'éigh

tha mi smaoineachadh air fear eile
a thubhairt na facail a tha fìor:
"Seall dìreach sìos troimh choill is choille.
Seall 'na do chridhe fhéin is sgrìobh."

DO RUARAIDH MACTHOMAIS
Taghadh

Thogadh sinn am Pabail còmhla.
Tha bliadhnachan mór' o'n uair sin.
Bha taibhsichean aig ceann a' ghàrraidh
is fraoch air Hòl, 's a' chlach mun cuairt air.

Is cailleach-oidhche anns an t-suaile,
is gaoth a' crathadh Màiri Ruaraidh
's a' chearc 'ga séideadh chun na mòintich.
Aig ceann ar n-òrdagan bha 'm bruadar.

Ach dh'fhalbh a' ghaoth le Pabail Iosal.
Tha na h-eathraichean a' tighinn le ruaig orr'
gu talamh bàn 's gu arbhar oillteil.
Ciod an sgòth ud leis a' ghruaim oirr'?

Ciod an sgòth ud air a' Mhùirneig?
Ciod am Bìobull ud a' fuasgladh,
's na duilleagan le uisg' is gaoith orr'?
Ciod am faileas tha 'gam bhuaireadh?

Whence is the thunder of the river?
Who put the fish in the meadow?
The eagle is high above my memory.
Where are these winds from, Derick?

★

The cuckoo is in the mouth of the hawk.
The chicken is in the mouth of the raven.
The sore wind is in a hurry.

I will not wear my silken coat,
my summer coat, in the bad weather,
and my jester's coat now in pieces.

This century is throwing enough water at us
like that upright coloured bus
that makes hollows in the roadway.

I will not jump from it, it is too fast,
it is pulling the earth topsy-turvy,
it is putting welcome and horror on me,

and my hair streaming to that wind
and my white face becoming a diamond
against elegies and hymns

against the Iolaire *and Holm,*
that song among the psalms,
against the blackness and the blue

and we now about our time,
and white fine lights around us,
and Stornoway as small as a pin

Co ás tha tàirneanaich na h-aibhne?
Có chuir na h-éisg ud air a' bhuaile?
Tha 'n iolair àrd os cionn mo chuimhne.
Co ás na gaoithtean ud, a Ruaraidh?

★

Tha chuthag ann am beul na seabhaig.
Tha 'n t-isean-circ' am beul na starraig.
Tha a' ghaoth ghoirt 'na cruaidh-chabhaig.

Cha chuir mi orm mo chòta-sìoda,
mo chòta-samhraidh san droch-thìde,
's mo chòta amadain 'na phìosan.

Tha an linn-sa sadail bùrn gu leòr oirnn
mar am bus dathte dìreach mór ud
tha deanamh slocan anns na ròidean.

Cha leum mi dheth, tha e ro luath leam,
tha e cur an talaimh tuathal,
tha e cur gàirdeachas is fuath orm,

is m' fhalt a' sruthadh ris a' ghaoith ud,
is m' aodann geal a' dol mar dhaoimean
an coinneamh marbhrainn agus laoidhean

an coinneamh na h-*Iolaire* is Tolm,
an t-amhran ud am measg nan salm,
an coinneamh an dorchadais 's a' ghuirm

is sinne nis air feadh ar tìme,
is soluis gheala, soluis mhìn oirnn,
is Steòrnabhagh cho beag ri prine

and the riddle of the world about us
with no cows seen in the meadow

but a gold hawk in that tall sky
like God looking in a mirror.

THE EXILES

The many ships that left our country
with white wings for Canada.
They are like handkerchiefs in our memories
and the brine like tears
and in their masts sailors singing
like birds on branches.
That sea of May, running in such blue,
a moon at night, a sun at daytime,
and the moon like a yellow fruit,
like a plate on a wall,
to which they raise their hands,
like a silver magnet
with piercing rays
streaming into the heart.

THE LETTER

Here is my letter to you out of the mirror,
God who created us.

Why did you put the rabbits in the bellies of the foxes?
Why did you put man in the middle of the days?
Why did you raise us with frail bones?

is sìoltachan an t-saoghail mun cuairt oirnn
gun chrodh r'am faicinn air a' bhuaile

ach seabhag òir san adhar àrd ud
mar Dhia a' sealltainn ann an sgàthan.

NA H-EILTHIRICH

A liuthad soitheach a dh'fhàg ar dùthaich
le sgiathan geala a' toirt Chanada orra.
Tha iad mar neapaigearan 'nar cuimhne
's an sàl mar dheòirean,
's anns na croinn aca seòladairean a' seinn
mar eòin air gheugan.
Muir a' Mhàigh ud, gu gorm a' ruith,
gealach air an oidhche, grian air an latha,
ach a' ghealach mar mheas buidhe,
mar thruinnsear air balla,
ris an tog iad an làmhan,
no mar mhagnet airgeadach
le gathan goirte
a' sruthadh do'n chridhe.

AN LITIR

So mo litir thugad ás an sgàthan,
a Dhé a chruthaich sinn.

Carson a chuir thu na rabaidean am broinn nan sionnach?
Carson a chuir thu an duine am broinn nan làithean?
Carson a thog thu sinn le cnàmhan meanbh?

Why did you give us hearts
that will feel hubbub and injustice,
why aren't they like watches
small, round, and golden?

Why did you leave the eagle alone
in a nest of clouds
hanging from ropes
transfixed by nails?

Why did you not make angels or beasts of us
with cold wings, with barbarous heads?
Why did you raise the sea in front of us
with wide absurd face?

In the mirror
there is a boxer's face,
in the mirror
there is a rusty helmet.

In the mirror there is your book with a steel fastening,
with an edge red as a rose.

In the mirror there is one rose,
our hope growing
red, shaking in the winds,
in a circle of dew.

Carson a thug thu cridheachan dhuinn
a dh'fhairicheas ùpraid is droch bheart,
carson nach eil iad mar uaireadairean
beaga, cruinn, de òr?

Carson a dh'fhag thu an iolair 'na h-aonar
ann an nead de sgòthan
crochte le ròpan
air a piocadh le tairgnean?

Carson nach do rinn thu dhinn ainglean no ainmhidhean
le sgiathan fuara, le cinn chorrach?
Carson a thog thu an fhairge mu ar coinneamh
le aodann farsaing faoin?

Anns an sgàthan
tha aodann bocsair,
anns an sgàthan
tha clogaid meirgeach.

Anns an sgàthan tha do leabhar le bann de stàilinn,
le faobhar dearg mar ròs.

Anns an sgàthan tha aon ròs,
ar dòchas a' fàs
dearg, air chrith anns na gaoitean,
ann an cuibhle de dhealt.

GIVE ME YOUR HAND

Give me your hand.
The autumn has come.
We will walk under the trees
in the one light
that is single as steel.

The trees are without crowns.
They have lost their silks.
The queens have left us.
They are without gowns,
naked to the weather.

Give me your hand.
The cold has come.
You will feel in your bones
that shiver of zero,
that posthumous kingdom.

The trees are like thermometers
shining and visible.
No sap is seen in them.
The sap has descended
into the earth.

Give me your hand.
We are like children
in an old story
written by Hans Andersen
in the autumn.

THOIR DHOMH DO LAMH

Thoir dhomh do làmh.
Tha am foghar air teachd.
Coisichidh sinn fo na craobhan
anns an aon solus
a tha singilte mar stàilinn.

Tha na craobhan gun chrùintean.
Tha iad air call an sìoda.
Dh'fhàg na banrighrean sinn.
Tha iad gun ghùintean,
rùisgte do 'n t-sitig.

Thoir dhomh do làmh.
Tha am fuachd air tighinn.
Fairichidh tu 'na do chnàmhan
crith an zero ud,
gath na rìoghachd a dh'fhalbh.

Tha na craobhan mar thermometeran
deàlrach, fosgailte.
Chan fhaicear sùgh annta.
Tha an sùgh air cromadh
sìos do'n talamh.

Thoir dhomh do làmh.
Tha sinn mar chloinn
ann an sgialachd aosda
a sgrìobh Hans Andersen
anns an fhoghar.

Donald MacAulay

FOR PASTERNAK, FOR EXAMPLE . . .

You winnow in a contrary wind
living seed out of beard and chaff,
since you have understood that those who hated you
did not recognise
your love:
you prepare seed for planting
since you have understood their inadequacy —
that they consign all seed for milling.

GOSPEL 1955

I was at the meeting last night;
the house was full, packed to the door,
there was no place for me to sit
but a cramped nook on the stairs.

I listened to the psalm: the tune
transporting us on a tide
as mysterious as Maol Duin's;*
I listened to the prayer
a liberating, cascading melody —
my people's access to poetry.

* A miraculous navigator in early Gaelic literature.

Domhnall
MacAmhlaigh

DO PHASTERNAK, MAR EISEAMPLAIR . . .

Tha thu a' fasgnadh an aghaidh na gaoithe
sìol brìghe á calg is nasg,
bhon thuig thu nach b' aithne dhaibhsan
o 'n d'fhuair thu fuath
do ghràdh:
tha thu a' deasachadh sìol cura
a-chionn 's gun thuig thu an eucomas —
gun chuir iad an sìol uile gu muilinn.

SOISGEUL 1955

Bha mi a raoir anns a' choinneamh;
bha an taigh làn chun an dorais,
cha robh àite suidhe ann
ach geimhil chumhang air an staighre.

Dh' éisd mi ris an t-sailm: am fonn
a' falbh leinn air seòl mara
cho dìomhair ri Maol Dùn:
dh'éisd mi ris an ùrnaigh
seirm shaorsinneil, shruthach —
iuchair-dàin mo dhaoine.

Then we got the sermon
— the fires of hell are in fashion —
vicious, alien threats
that filled the house with confusion and terror.

And I got pins-and-needles in my feet . . .

SELFRIGHTEOUSNESS

They ask of me only
to weep repentance for a sin
that does not concern me
and I shall get in return an alien
freedom I don't understand:

to be drubbed in one thin,
wounding water after another
of their philosophy —

and confidently they would hang
their washing in the heavens.

AMASRA 1957

The fig tastes
green, and not lacking in ripeness;
the shade, beneath the tree, has not yet
lost its coolness;
I relax my wrinkled skin, certain
that the heat at mid-day
will shrivel me up tight —
with my swarm of flies,
carrion under my tree.

An uair sin thàinig an searmon
— teintean ifrinn a th' anns an fhasan —
bagairt neimheil, fhuadan
a lìon an taigh le uamhann is coimeasg.

Is thàinig an cadal-deilgeanach na mo chasan . . .

FEIN-FHIREANTACHD

Chan iarr iad orm ach
gal aithreachais peacaidh
nach buin dhomh
's gu faigh mi saorsa
fhuadan nach tuig mi:

ludaradh ann an uisge
an déidh uisge tana, guinteach
am feallsanachd —

agus gun amharas chrochadh iad
an nigheadaireachd anns na nèamhan.

AMASRA 1957

Tha blas air an fhìogais
a bhith gorm, 's gun dìth abaich;
tha an dubhar fhathast, fo 'n chraoibh,
gun call a thaise;
sìnidh mi mo phreasan, le cinnt
gum bi teas a' mheadhan-latha
'ga mo chrùbadh cruinn —
le mo sgaoth chuileag,
athadach fo mo chraoibh.

In the evening an old man will come riding
on an ass,
barefoot, sitting quite erect —
like the righteousness of his goad:
the strict discipline of Allah . . .

In Lewis he would be a butt for mockery.

HOLIDAY

They come down from the hills
Tuesdays and Fridays
a farmer on an ass
and three daughters
bent
under creel and yashmak.

The townspeople
whom they supply with fuel and fruit
always mock their fashion —
they walk on their bare
feet.

And people come down from Ankara
to spend their holidays
who say the townspeople
are old-fashioned, given to sloth
and dirt.

Feasgar thig seanfhear a' marcachd
air asal;
e casrùisgt; 'na shuidhe dìreach —
mar fhìreantachd a shlait greasaidh:
smachd cràbhaidh Allah . . .

Bhiodh e an Leódhas 'na chulaidh-mhagaidh.

LATHA FEILLE

Thig iad a-nuas ás na cnuic
Di-màirt 's Di-h-aoine
tuathanach air asal
's triùir nighean
crùibte
fo chliabh is yashmak.

Bidh luchd a' bhaile
ris an cum iad connadh is measan
a' sìr fhanaid air a fasan —
's iad air an casan
rùisgte.

'S thig feadhainn a-nuas á Ankara
a chaitheamh làithean saora
a chuireas air luchd a' bhaile
g' eil iad salach, sean-fhasant,
slaodach.

I am there
numbered among foreigners
who deride
indiscriminately
the people of that land . . .
and me as well —
since I see
with my uncouth eyes
a tradition
that overrides the world of my companions,

that orders in its folds
England's queen
and Ankara
and the town, a stronghold
that has stood almost as long as the hills;

since I see
on the streets in the heat of the day
footprints in the dust:
a neat-stepping dance
of bare feet;

under black shawls
stirred by the wind of history
a living eye waiting
though burdened and disparaged;
teeth white as lime about
a tuneful tongue, and cheeks
like the pomegranate.

Tha mis' ann
air m'àireamh a-measg coigreach
a ni tàire
choitcheann
air sluagh na tìre . . .
agus ormsa cuideachd —
bhon a chì mi
le mo shùilean coimheach
seanchas
a dh'iathas saoghal mo chompanach,

a dh' fhilleas 'na rian
banrìgh Shasainn,
agus Ankara,
's am baile, daighneach
a sheas cha mhór cho fada ris na cnuic;

bhon a chì mi
air na sràidean an teas an latha
lorgan 'san duslaich:
dannsa ceum-ghrinn
aig casan loma;

fo na flèidean dubha
's gaoth eachdraidh 'gan gluasad
sùil bheò a' feitheamh
fo thàire 's eallach;
deud aoil mu theanga
cheòlmhor, 's gruaidhean
mar phomagranat.

IAIN IN SPACE . . .

The fleet is shattered,
the mercenaries of the emperor
slaughtered, both red and white.

Euclid's paraphernalia
circle, pyramid, and sphere
are sent flying
with all his might
along Einstein's curved paths
and bashed against the table legs,
illustrious fame unheeded;
getting lost in the darkness below it
an apple (of Newton's)
gnawed to the seed . . .

No tame order will withstand
this giant —
striving to be two years old.

A DELICATE BALANCE

You suffered ignominy
and shame,
a butt for slight and mockery —
if you spoke a word
they dived on it
like gannets sighting fish.

IAIN A-MEASG NAN REULTAN . . .

Tha a' chabhlach air a sprèadhadh,
buannaidhean an iompaire
'na slèibhtich, dearg is geal.

Tha acfhuinn Euclid,
cearcall, pioramaid, is cruinne
'gan cur air seòladh
fad a làimhe
air slighean corrach Einstein,
'gan caitheamh mu chasan a' bhùird
gun urram do 'n iomradh measail;
's a' dol air chall san dorchadas tha fodha
ubhal (le Newton)
air a spiolladh chun an t-sìl . . .

Cha mheata an rian a sheasas
ris an fhuamhar a tha seo —
a' streap ri dà bhliadhna dh' aois.

FRIONAS

Dh'fhuiling thu fanaid
agus tàmailt,
bha thu 'na do chùis-bhùirt is magaidh —
nan canadh tu facal
bhathas dha mar
shùlaire gu comharr mara.

You were a sacrificial object
on which your fellows
(it seems to
me) offloaded their burden of sin;
they cared nothing
for the harm
that half a season left you dumb.

But you revealed something else to me —
my knowledge of you was different,
I experienced the tender side of you,
which was warmth
and an elegant tongue;
you were trapped in a condition
from which I learned that men repay
art and tenderness
with derision
and I did not lose from being warned
that a man's reward is not his measure.

. . . The day before yesterday you died;
they let you out by the window;
bareheaded
they raised you on high —
you had a place and respect at last.

OLD WOMAN

You walked, feeble,
with your stick,
down by the wall;

Bha thu 'na do chulaidh ìobairt
air na rinn do luchd-baile
(saoilidh
mi) an luchd peacaidh fhàgail;
's bu shuarach acasan
an lochd
a chuireadh 'na do thosd thu leth ràidhe.

Ach theasbain thu rud eile dhòmhsa —
bha m' eòlas-s' ort eadar-dhealaicht,
dh'fhiosraich mi taobh chaoin do nàduir:
b' e sin bàigh is
teang' ealant;
bha thu buailte ann an càradh
ás na dh'fhoghlaim mi gum pàidhear
caoine agus ealantas
le tàire —
's cha bu mhisde mi an earail
nach eil duais is duine coimhliont.

. . . A-bhòin-dé fhuair thu bàs;
leig iad a-mach thu air an uinneig;
ceannruisgte
thog iad thu an àirde —
modh is àit agad mu dheireadh.

AN T-SEAN-BHEAN

Choisich thu crotach
le do bhata
sìos ris a' ghàradh;

you stopped and raised
the weight of your bent head,
you put your hand
between your eyes and the sun.

From that shade
you started out at the spring,
at the furrow the plough turned,
at the boundaries of the croft,
and at the mountain
(and you looked to see the cow was not trapped).

And you turned, then,
your feet —
no space between them and the ground —
and walked them stiffly
in
(with your stick
and a hand on the wall)
to the house
where the threshold had grown
into an obstacle.

And you sat there in your seat.

STEPS

You sailed
into my vision like a star
new
to the astronomer;

stad thu 's thog
thu cudthrom do chrom-chinn,
chuir thu do bhois
eadar do shùilean 's a' ghrian.

As an dubhar sin
dh'amhairc thu air an àiteach,
air an t-sreath a bha an crann a' cur thairis,
air crìochan na lota,
's air an t-sliabh
('s thug thu sùil mas robh bhó ann an geimhil).

Is thionntaidh thu an uair sin
do chasan
gun gaoth a' dol eadar iad 's an talamh,
is thill thu rag iad
a-steach
(le do bhata
's do làmh anns a' bhalla)
do 'n aitreabh
far an robh am maide-buinn air fàs 'na
arrasbacan.

Is shuidh thu an sin air do chathair.

CEUMANNAN

Sheòl thu
a-steach 'na mo rian mar reul
ùr
chun an speuradair;

a moon
revealing a sun hidden:
joy of discovery;
and I stretched out my hands to the warmth.

I did not stretch out my hands to seize you;
another authority ruled them,
they had become numbed
in the ritual service of my universe —
not trusting in freedom enough
to unravel that ancient twist.

And the opportunity passed.

I met you yesterday
on a street
a flame of eyes and blue tweed
and I searched my tongue
for words to speak —

but they were all lost;
and through my numb and wordless
silence
I listened on the street
to thundering step after step of your feet
as they sailed with you blue-flower-
blind.

It was bright daylight
today
before I slept;
I spent the night very uncomfortably,
scrutinising stars and moons
(and I meditated on the poets' vigil!)

gealach
a dh'fhoillsich grian air falach:
aoibhneas fiosrachaidh;
's shìn mi mo làmhan chun a' gharaidh.

Cha do shìn mi mo làmhan gus do ghlacadh;
bha ùghdarras eile 'gan riaghladh,
bha iad air lapadh
ann an seirbheis chuairteil m' iunaibhears —
gun de dh' earbsa 'na saorsa
na sgaoileadh an car ás a' char ud.

Is chaidh an tràth seachad.

Thachair thu an-dé rium
air sràid
lasair shùilean is clòth gorm
's ruith mi air mo theanga lorg
facail a chanainn —

ach bha iad gu léir air chall;
's troimh eighealaich bhalbh
mo thosd
dh'éisd mi air an t-sràid
brag ceum an déidh ceum do chois
a' seòladh gorm-bhlàth-
dhall
leat seachad; is air falbh.

Bha an latha geal ann
an diugh
mas do chaidil mi;
chaith mi an oidhche gu h-anshocair
a' sgrùdadh reultan is ghealaichean
(is bheachdaich mi air faire nam bàrd!)

O! if I could only say
it was you who kept me awake
— one way or the other . . .

but I quite simply
could not get to sleep
(my love)
— if the truth is to be preferred . . .

EXCUSE

It is not that I would not make poems for you,
that I would not set words in order;
and it is not that your virtues do not deserve
eloquent poetry,
that I do not recognise beauty in you
and depth of affection;
it is not my experience of winter
that keeps me silent
— though its sting pierced my clothes
and its numbing has left me pained —
you keep me warm
though you do not understand my plea:
that I have known a May-time
with music unbounded
and a lark singing in the heavens.

O! nam b' urrainn dhomh a radha
gur tusa chum 'na mo chaithris mi
— air dòigh de na dhà . . .

ach 's ann a chaidh an cadal
ceàrr orm
(a leannain)
— ma 's e an fhìrinn as fheàrr . . .

LEISGEUL

Chan e nach dèanainn dàin dhuit,
nach cuirinn cainnt ann an òrdugh;
chan e nach dleas do bheusan
fileantas labhrach,
nach aithnich mi annad bòidhchead
is doimhne bàighe;
chan e gun dh'fhiosraich mi 'n geamhradh
a chuireas 'na mo thosd mi
— ged a chaidh a ghuin 'na m' éideadh
's a dh'fhàg an eighealaich gort mi —
cumaidh tu blàth mi
ged nach tuig thu mo leisgeul:
gun dh'fhiosraich mi Céitean
's an ceòl fosgailt
's uiseag anns na speuran.

LANDMARK

There goes the island out of sight
as the boat sails on,
as seen by many a bard
through sorrow and beer
and by others, tongue under tooth,
and tears blinding —
an ill-defined shadow and windows fading.

But the matter is not so simple
to the one who's a yearly pilgrim:
out of returning sorrow rises
from a region the world has derided.

And, that is not my island:
it submerged long ago
the greater part of it
in neglect and tyranny —
and the part that submerged in me of it,
sun-bower and iceberg,
sails the ocean I travel,
a primary landmark
dangerous, essential, demanding.

PRISON

I saw a smooth
gentle bird today flying,

I saw it white
out of the window of my room,

COMHARRA STIUIRIDH

Siud an t-eilean ás an t-sealladh
mar a shiùbhlas am bàta,
mar a chunnaic iomadh bàrd e
eadar liunn is iargan,
's fir eile a bha 'n teanga fo fiacaill,
's deòir a' dalladh —
dùbhradh neo-dhearbht is uinneagan a' fannadh.

Ach chan eil a' cheiste cho sìmplidh
do 'n allmharach an comhair na bliadhna:
a-mach á tilleadh éiridh iargan
á roinn a chuir an saoghal an dìmeas.

Cuideachd, chan e siud m' eilean-s':
chaidh esan fodha o chionn fhada,
a' chuid mhór dheth,
fo dheireas is ainneart;
's na chaidh fodha annam fhìn dheth,
'na ghrianan 's cnoc eighre,
tha e a' seòladh na mara anns am bi mi
'na phrìomh chomharr stiùiridh
cunnartach, do-sheachaint, gun fhaochadh.

PRIOSAN

Chunnaic mi eun sèimh
sèimh an diugh air iteig,

chunnaic mi geal e
a mach air uinneig mo sheòmair,

I saw it free
flying in and out of my sight;

and its motion was flawless
sailing on balanced wingtips.

The image stayed in my mirror,
the heart encircling it minutely,

the greedy mind
stalking it in order to understand it,

as I strove to get a window
open
strove to make contact with my element.

chunnaic mi e saor
a' tighinn's a' falbh troimh m' fhaicsinn;

's bha a shiubhal foirf'
air mheidh bil sgèith a' seòladh.

Lean an dealbh air mo sgàthan,
an cridhe dol mu'n cuairt gu mion air,

an inntinn ghionach
a' sealg air gus a thuigsinn,

's mi a' strì ri uinneag
fhosgladh
a' strì ri ruighinn air mo sheòlaid.

AN LUCHD-COMPAIRT

THE CONTRIBUTORS

AN LUCHD-COMPAIRT

SOMHAIRLE MACGILL-EAIN

Rugadh e an Ratharsair, 1911; chaidh e troimh an fhoghlam an Oilthigh Dhùn Eideann; bha e 'na mhaighstir-sgoile am Port Righ, an Tobar Mhoire, an Dùn Eideann agus anns a' Phloc; bha e a' cur le dreuchd an sgrìobhaidh an Oilthigh Dhùn Eideann agus an Sabhal Mòr Ostaig sna 70an, agus tha e air a bhith air chuairt a' leughadh a chuid bàrdachd an iomadh àite. Fhuair e Duais McVitie agus Duais an Saltire agus Bonn Oir na Bànrighinn airson Bàrdachd. Chaidh a' chiad chruinneachadh den bhàrdachd, *Dàin do Eimhir agus Dàin Eile*, fhoillseachadh an 1943. Thàinig dàin agus eadartheangachaidhean am follais an leabhraichean agus an iris-leabhraichean, m.e. *Lines Review*, No. 34, agus *Four Points of a Saltire* (1970). Thàinig taghadh de chuid bàrdachd, *Reothairt is Contraigh/Spring Tide and Neap Tide*, am follais an 1977, agus a chuid obrach cruinn, *O Choille gu Bearradh/From Wood to Ridge*, an 1989. Chaidh nithean eile a sgrìobh e anns a' Ghàidhlig a chur a-mach anns an leabhar *Ris a' Bhruthaich* (1985).

DEORSA MAC IAIN DEORSA

Rugadh e an Earra-Ghaidheal, 1915; mac don sgrìobhadair Albannach J. MacDougall Hay a sgrìobh *Gillespie*; chaidh e troimh an fhoghlam an Oilthigh Oxford; bha eòlas aige air mòran de chànain na h-Eòrpa, às an do rinn e bàrdachd eadartheangachadh. Bha e a' toirt a bhith-beò à obair eadartheangachaidh an Dùn Eideann, far an do chaochail e an 1984. Thug e am follais a' bhàrdachd *Fuaran Sléibh* (1947); *Wind on Loch Fyne* (1948); *O na Ceithir Airdean* (1952); earrannan am *Four Points of a Saltire* (1970); agus an dàn fada *Mochtàr is Dùghall* (1982). Tha a' bhàrdachd chruinnichte aige air an rathad.

RUARAIDH MACTHOMAIS

Rugadh e an Leòdhas, 1921; thug e a-mach foghlam an Oilthigh Obar Dheadhan agus an Cambridge; bha e a' toirt seachad foghlam an Oilthigh Dhùn Eideann, Ghlaschu agus Obar Dheadhan, agus 'na Phroifeasair air ceann Roinn na Ceiltis an Oilthigh Ghlaschu 1963–91. Choisinn e Duais Ossian an 1974 agus roinn an Duais Banca Rìoghail na h-Alba-Comann Saltire airson an leabhair a b' fheàrr an 1982 (*Creachadh na Clàrsaich*). Tha e air mòran bheartan a bhuineas don Ghàidhlig, mar an ràitheachan *Gairm*, Clò-bhualaidhean Gairm agus Comhairle nan Leabhraichean, a chur air chois. Thug e am follais na leabhraichean bàrdachd *An Dealbh Briste* (1951), *Eadar Samhradh is Foghar* (1967), *An Rathad Cian* (1970), *Saorsa agus an Iolaire* (1978), *Creachadh na Clàrsaich* (1982), *Smeur an Dòchais* (1993) agus *Meall Garbh* (1995); sgrìobh e *An Introduction to Gaelic Poetry* (1974), *The New Verse in Scottish Gaelic: A Structural Analysis* (1974) agus iomadh aiste air litreachas agus cultar na Gàidhlig, agus dheasaich e *The Companion to Gaelic Scotland* (1983) agus *Bàrdachd na Roinn-Eòrpa an Gàidhlig* (1990).

IAIN MAC A' GHOBHAINN

Rugadh e an 1928 agus thogadh e an Leòdhas; thug e a-mach am foghlam an Oilthigh Obar Dheadhan; bha e 'na mhaighstir-sgoile anns an Oban gu ruige 1977 nuair a chaidh e an sàs an dreuchd fir-sgrìobhaidh làn-ama. Am measg na tha e air fhoillseachadh tha *Bùrn is Aran* (1960), bàrdachd is sgeulachdan goirid; *An Dubh is an Gorm* (1963), *Maighstirean is Ministearan* (1970), *An t-Adhar Ameireaganach* (1973) agus *Na Guthan* (1991), sgeulachdan goirid; *An t-Aonaran* (1976) agus *Na Speuclairean Dubha* (1989), nobhailean; *Bìobuill is Sanasan-Reice* (1965), *Eadar Fealla-dhà is Glaschu* (1974), *Na h-Eilthirich* (1983) agus *An t-Eilean agus an Cànan* (1987), bàrdachd; aisteachan air litreachas, *Towards the Human* (1986). Anns a' Bheurla cuideachd chuir e a-mach àireamh de leabhraichean bàrdachd mar *The Long River* (1955), *The Law and The Grace* (1965), *From Bourgeois Land* (1969), *Love Songs and Elegies* (1972), *A Life* (1986), *Collected Poems* (1992) agus *Ends and Beginnings* (1994); de nobhailean, m.e. *Consider the Lilies* (1968), *The Last Summer* (1969), *The Search* (1983), *In the Middle of the Wood* (1987) agus *An Honourable Death* (1992); agus de sgeulachdan gorid, m.e. *The Black and the Red* (1973). Sgrìobh e cuideachd dràma anns a' Ghàidhlig agus leabhraichean don òigridh anns gach cànan. Fhuair e iomadh duais airson litreachas, agus fhuair e an OBE an 1983.

DOMHNALL MACAMHLAIGH

Rugadh e am Beàrnaraigh Leòdhais, 1930. Thug e a-mach foghlam an Oilthigh Obar Dheadhan is an Cambridge; thug e seachad foghlam an Oilthigh Dhùn Eideann, Bhaile Atha Cliath agus Obar Dheadhan, agus tha e a-nis 'na Phroifeasair air ceann Roinn na Ceiltis an Oilthigh Ghlaschu. Am measg na tha e air fhoillseachadh tha leabhar bàrd-achd, *Seòbhrach ás a' Chlaich* (1967); aisteachan air a' Ghàidhlig agus air litreachas na Gàidhlig. Chuir e an duanaire seo an eagar.

THE CONTRIBUTORS

SORLEY MACLEAN
Born in Raasay, 1911; graduate of Edinburgh University; school-master in Portree, Tobermory, Edinburgh and Plockton; Writer in Residence at Edinburgh University and Sabhal Mòr Ostaig in the 1970s. Has toured widely reading his poetry, for which he has been awarded the McVitie and Saltire prizes and the Queen's Gold Medal for Poetry. His first collection, Dàin do Eimhir agus Dàin Eile, *was published in 1943. His poems have appeared in a number of books and periodicals in the original and in translation, e.g.* Lines Review, No. 34, *and* Four Points of a Saltire *(1970). His selected poems,* Reothairt is Contraigh/Spring Tide and Neap Tide, *first appeared in 1977, and his collected poems,* O Choille gu Bearradh/From Wood to Ridge, *in 1989. His prose works were collected in* Ris a' Bhruthaich *(1985).*

GEORGE CAMPBELL HAY
Born in Argyll, 1915; son of the Scottish novelist J. MacDougall Hay, the author of Gillespie; *graduate of Oxford University; commanded a large number of European languages, from many of which he translated verse. Earned his living as a translator in Edinburgh, where he died in 1984. His publications were the collections of poems* Fuaran Sléibh *(1947),* Wind on Loch Fyne *(1948) and* O na Ceithir Airdean *(1952); contributions to* Four Points of a Saltire *(1970); and the long poem* Mochtàr is Dùghall *(1982). The collected poems are to be published in the near future.*

DERICK THOMSON
Born in Lewis, 1921; graduate of Aberdeen and Cambridge Univer-sities; taught at the Universities of Edinburgh, Glasgow and Aberdeen, and was Professor of Celtic at Glasgow 1963–91. Has initiated many projects concerned with Gaelic, such as the magazine Gairm *(1951–), the associated Gairm Publications and the Gaelic Books Council, of which he was Chairman 1968–91. Awarded Ossian Prize, 1974, and joint winner of the Royal Bank of Scotland-Saltire Society prize for the best book of the year 1982 (his collected poems,* Creachadh na Clàrsaich/Plundering the Harp). *Individual collections of poetry are* An Dealbh Briste *(1951),* Eadar Samhradh is Foghar *(1967),* An

THE CONTRIBUTORS

Rathad Cian *(1970)*, Saorsa agus an Iolaire *(1978)*, Smeur an Dòchais/Bramble of Hope *(1993) and* Meall Garbh *(1995)*. *Author of many articles and books on Gaelic literature, including* An Introduction to Gaelic Poetry *(1974) and* The New Verse in Scottish Gaelic: A Structural Analysis *(1974); editor of* The Companion to Gaelic Scotland *(1983) and* Bàrdachd na Roinn-Eòrpa an Gàidhlig *(1990)*.

IAIN CRICHTON SMITH
Born in 1928 and brought up in Lewis; graduate of Aberdeen University; schoolmaster in Clydebank and Oban 1952–77, after which he became a full-time writer. Has published prolifically in Gaelic and English – poems, short stories, novels, plays. Gaelic collections of poetry are Bìobuill is Sanasan-Reice *(1965)*, Eadar Fealla-dhà is Glaschu *(1974)*, Na h-Eilthirich *(1983) and* An t-Eilean agus an Cànan *(1987); short stories are collected in* Bùrn is Aran *(1960, also some poetry)*, An Dubh is an Gorm *(1963)*, Maighstirean is Ministearan *(1970)*, An t-Adhar Ameireaganach *(1973) and* Na Guthan *(1991); novels are* An t-Aonaran *(1976) and* Na Speuclairean Dubha *(1989)*. Books of poetry in English include* The Long River *(1955)*, The Law and the Grace *(1965)*, From Bourgeois Land *(1969)*, Love Songs and Elegies *(1972)*, A Life *(1986)*, Collected Poems *(1992) and* Ends and Beginnings *(1994)*. Fiction includes* Consider the Lilies *(1968, novel)*, The Last Summer *(1969, novel)*, The Black and the Red *(1973, short stories)*, The Search *(1983, novel)*, In the Middle of the Wood *(1987, novel) and* An Honourable Death *(1992, novel)*. He has also published a book of essays and criticism,* Towards the Human *(1986), two Gaelic plays, and books of poetry and fiction for the younger reader in both Gaelic and English. He has won numerous literary prizes, and was awarded the OBE in 1983.*

DONALD MACAULAY
Born in Bernera, Lewis, 1930; graduate of Aberdeen and Cambridge Universities; has taught at the University of Edinburgh, Trinity College Dublin and the University of Aberdeen; at present Professor of Celtic at the University of Glasgow. Publications include a collection of poems, Seòbhrach ás a' Chlaich *(1967); essays on Gaelic language and literature. Editor of the present collection.*

CANONGATE CLASSICS

Books listed in alphabetical order by author.

The Journal of Sir Walter Scott edited by WEK Anderson
  ISBN 0 86241 828 3 £12.99 $16.00
The Bruce John Barbour, edited by AAM Duncan
  ISBN 0 86241 681 7 £9.99 $15.95
The Land of the Leal James Barke
  ISBN 0 86241 142 4 £7.99 $9.95
The Scottish Enlightenment: An Anthology A Brodie (Ed)
  ISBN 0 86241 738 4 £10.99 $16.00
The House with the Green Shutters
  George Douglas Brown
  ISBN 0 86241 549 7 £4.99 $9.95
Magnus George Mackay Brown
  ISBN 0 86241 814 3 £5.99 $11.95
The Watcher by the Threshold Shorter Scottish Fiction
  John Buchan
  ISBN 0 86241 682 5 £7.99 $14.95
Witchwood John Buchan
  ISBN 0 86241 202 1 £4.99 $9.95
Lying Awake Catherine Carswell
  ISBN 0 86241 683 3 £5.99 $12.95
Open the Door! Catherine Carswell
  ISBN 0 86241 644 2 £5.99 $12.95
The Life of Robert Burns Catherine Carswell
  ISBN 0 86241 292 7 £6.99 $12.95
The Triumph Tree: Scotland's Earliest Poetry 550–1350
  edited by Thomas Owen Clancy
  ISBN 0 86241 787 2 £9.99 $15.00
Two Worlds David Daiches
  ISBN 0 86241 704 X £5.99 $12.95
The Complete Brigadier Gerard Arthur Conan Doyle
  ISBN 0 86241 534 9 £6.99 $13.95
Dance of the Apprentices Edward Gaitens
  ISBN 0 86241 297 8 £5.99 $12.95
Ringan Gilhaize John Galt
  ISBN 0 86241 552 7 £6.99 $13.95
The Member and the Radical John Galt
  ISBN 0 86241 642 6 £5.99 $12.95
A Scots Quair: (Sunset Song, Cloud Howe, Grey
  Granite) Lewis Grassic Gibbon
  ISBN 0 86241 532 2 £5.99 $13.95

Magnus Merriman Eric Linklater
ISBN 0 86241 313 3   £4.95 $9.95
Private Angelo Eric Linklater
ISBN 0 86241 376 1   £5.99 $11.95
Scottish Ballads edited by Emily Lyle
ISBN 0 86241 477 6   £5.99 $13.95
Nua-Bhardachd Ghaidhlig/Modern Scottish Gaelic Poems
edited by Donald MacAulay
ISBN 0 86241 494 6   £4.99 $12.95
The Early Life of James McBey James McBey
ISBN 0 86241 445 8   £5.99 $11.95
And the Cock Crew Fionn MacColla
ISBN 0 86241 536 5   £4.99 $11.95
The Devil and the Giro: Two Centuries of Scottish Stories
edited by Carl MacDougall
ISBN 0 86241 359 1   £9.99 $14.95
St Kilda: Island on the Edge of the World Charles Maclean
ISBN 0 86241 388 5   £5.99 $11.95
Linmill Stories Robert McLellan
ISBN 0 86241 282 X   £4.95 $11.95
Wild Harbour Ian Macpherson
ISBN 0 86241 234 X   £3.95 $9.95
A Childhood in Scotland Christian Miller
ISBN 0 86241 230 7   £4.99 $8.95
The Blood of the Martyrs Naomi Mitchison
ISBN 0 86241 192 0   £4.95 $11.95
The Corn King and the Spring Queen Naomi Mitchison
ISBN 0 86241 287 0   £6.95 $12.95
The Gowk Storm Nancy Brysson Morrison
ISBN 0 86241 222 6   £4.99 $9.95
An Autobiography Edwin Muir
ISBN 0 86241 423 7   £4.99 $11.95
The Wilderness Journeys (The Story of My Boyhood and
Youth, A Thousand Mile Walk to the Gulf, My First
Summer in the Sierra, Travels in Alaska, Stickeen) John Muir
ISBN 0 86241 586 1   £9.99 $15.95
Imagined Selves: (Imagined Corners, Mrs Ritchie, Mrs
Grundy in Scotland, Women: An Inquiry, Women in
Scotland) Willa Muir
ISBN 0 86241 605 1   £8.99 $14.95
Homeward Journey John MacNair Reid
ISBN 0 86241 178 5   £3.95 $9.95
A Twelvemonth and a Day Christopher Rush
ISBN 0 86241 439 3   £4.99 $11.95
End of an Old Song J. D. Scott
ISBN 0 86241 311 7   £4.95 $11.95
Grampian Quartet: (The Quarry Wood, The Weatherhouse, A

Pass in the Grampians, The Living Mountain) Nan Shepherd
ISBN 0 86241 589 6   £8.99 $14.95
Consider the Lilies Iain Crichton Smith
ISBN 0 86241 415 6   £4.99 $11.95
Listen to the Voice: Selected Stories Iain Crichton Smith
ISBN 0 86241 434 2   £5.99 $11.95
Diaries of a Dying Man William Soutar
ISBN 0 86241 347 8   £4.95 $11.95
Shorter Scottish Fiction Robert Louis Stevenson
ISBN 0 86241 555 1   £4.99 $11.95
Tales of Adventure (Black Arrow, Treasure Island, 'The Sire de Malétroit's Door' and other Stories) Robert Louis Stevenson
ISBN 0 86241 687 6   £7.99 $14.95
Tales of the South Seas (Island Landfalls, The Ebb-tide, The Wrecker) Robert Louis Stevenson
ISBN 0 86241 643 4   £7.99 $14.95
The Scottish Novels: (Kidnapped, Catriona, The Master of Ballantrae, Weir of Hermiston) Robert Louis Stevenson
ISBN 0 86241 533 0   £6.99 $13.95
The People of the Sea David Thomson
ISBN 0 86241 550 0   £4.99 $11.95
City of Dreadful Night James Thomson
ISBN 0 86241 449 0   £5.99 $11.95
Three Scottish Poets: MacCaig, Morgan, Lochhead
ISBN 0 86241 400 8   £4.99 $11.95
Black Lamb and Grey Falcon Rebecca West
ISBN 0 86241 428 8   £12.99 $19.95

ORDERING INFORMATION

Most Canongate Classics are available at good bookshops. You can also order direct from Canongate Books Ltd – by post: 14 High Street, Edinburgh EH1 1TE, or by telephone: 0131 557 5111. There is no charge for postage and packing to customers in the United Kingdom.

Canongate Classics are distributed exclusively in the USA and Canada by:

Interlink Publishing Group, Inc.
46 Crosby Street
Northampton, MA 01060–1804
Tel: (413) 582–7054
Fax: (413) 582–7057
e-mail: interpg@aol.com
website: www.interlinkbooks.com